림프종 진단에서
조혈모세포 이식까지

백태종 지음

이 책을
보시는 모든
분들께서
건강하시기를
빕니다

"암입니다" 라고 말하던 그 교수님의
얼굴 표정을 또렷이 기억한다.
안쓰러워하는 듯하면서도 미안해하는
듯한 표정이었다…

병 중에 계신 분들께 말씀드립니다.
"힘내십시오. 새로운 삶의 시작입니다."

(본문중에서)

Jakkawa

저자 소개

대기업에서 20년 가까이 근무한 후 IT관련 중소기업을 경영하다가 글로벌 기업에서 근무하기도 했으며, 이 과정에서 10여년 동안 여러 나라에서 주재하면서 글로벌 사업을 진행했고, 현재는 창업과 경영 분야의 컨설턴트 역할을 하고 있다.

림프종 진단을 받고 항암치료와 자가 조혈모세포 이식을 마치고 현재 일상생활을 정상적으로 하고 있으며, 서울에 있는 한 교회의 장로로 봉사 중이다.

림프종 진단에서 조혈모세포 이식까지

프롤로그 5

추천사 9

1. 정기 건강검진과 대장내시경 검사 13

2. 진단 결과 19

3. 악성 림프종 23

  ▶ 악성 림프종의 정의와 종류 23

  ▶ 악성 림프종의 위험요인과 증상 24

  ▶ 악성 림프종의 병기 결정과 치료 과정 26

4. 첫 번째 항암치료와 코로나 감염 (1주 차~4주 차) 29

  ▶ 항암치료 준비 30

  ▶ 케모포트 설치 33

  ▶ 항암치료 시작 35

  ▶ 코로나 감염이라는 돌발적인 상황 41

5. 두 번째 항암치료와 이빨 흔들림 (5주 차~8주 차) 45

  ▶ 이빨 흔들림 45

  ▶ 항암치료 과정에서 체력의 주기적인 변화 49

6. 세 번째 항암치료 (9주 차~11주 차) 53

  ▶ 여러 가지 생각들 53

7. 네 번째 항암치료와 격리병실 입원 (12주 차~15주 차) 59

  ▶ 격리병실 긴급 입원 61

8. 다섯 번째 항암치료 (16주 차~19주 차) 69

  ▶ 집안 내 격리 71

9. 여섯 번째 항암치료 후 실신, 관해 판정 (20주 차~23주 차) 75

  ▶ 실신, 응급실, 격리병실 76

  ▶ 관해(寬解) 판정 81

10. 조혈모세포 이식 준비와 채집 (24주 차~28주 차) 83

  ▶ 조혈모세포 83

  ▶ 조혈모세포 채집 과정 84

11. 조혈모세포 이식실 입실 (29주 차)................................. 89

　　▶ 조혈모세포 이식실.. 91

12. 마지막 항암치료와 조혈모세포 이식 (30주 차~33주 차).... 95

　　▶ 전 처치.. 95

　　▶ 조혈모세포 이식.. 97

　　▶ 이식 후 회복.. 99

13. 조혈모세포 이식 후 절차 (34주 차)............................ 105

　　▶ 퇴원 후의 생활관리... 108

14. 이후 정기검사 (35주 차~)...................................... 113

　　▶ 사전연명의료의향 및 장기기증서약......................... 122

에필로그.. 127

프롤로그

"암입니다" 라고 말하던 대학병원 교수님의 얼굴 표정이 또렷하게 기억납니다. 2년여 전이지만 안쓰러워하는 듯한 그러면서도 미안해 하는 듯한 표정이 어제 보았던 것처럼 떠오릅니다. 교수님이 내게 미안해 하실 일이 아닌 데도 왜 그런 표정을 지으실까 하는 생각이 들었는데, 생각해 보니 나도 다른 사람의 발병 소식을 들었을 때 똑같은 표정을 지었던 것 같습니다.

그리고 망설임 없이 항암치료를 받기로 결정했습니다. 암의 일반적인 사항에 관해서 더 이상 알아보려고 하지 않았고 더구나 림프종이라는 낯선 이름으로 불린 병의 원인이나 치료 과정에 관해서 세세하게 따지지 않고 곧바로 항암치료를 받기로 결정한 것이었습니다. 자연치료 요법을 선택하신 분들의 이야기는 나중에 여러 경로를 통해서 전해 들었습니다. 동일한 병이라도 증세와 정도와 체질과 환경에 따라 그 치료 방법이 다르고 또 치료 효과도 다르게 나타나는 것이라고 생각합니다. 저는 항암화학요법이 저에게 맞는 치료 방법이라고 생각했고 그리고 그 치료를 통해서 다 나을 것이라고 생각하여 결정했습니다.

치료 과정의 처음부터 병원의 의료진을 신뢰했고, 치료 과정마다 설명해 준 내용과 병원에서 제공해 준 자료가 많은 도움이 되었습니다. 주치의 교수님 및 전공의 의사들의 설명과 자료를 통해서 악성 림프종이 어떤 것이고 어떠한 위험요인에 따라 어떤 종류로 나타나며 그 치료는 어떤 과정과 내용으로 진행되는지 알게 되었습니다. 그리고 병실 간호사와 영양사 및 여러 가지로 도와주신 분들의 보살핌과 안내를 통해 치료 과정에서 무엇에 주의해야 할 지 또 퇴원 후에 어떻게 생활할지에 관해 알게 되었습니다.

제가 평소에 기록하는 습관이 있어서 그러한 치료 과정의 주요 내용과 당시의 느낌을 그때그때 메모해 놓았는데, 그 기록들을 모아서 정리하려는 생각이 있었지만 그 생각을 구체화하고 완료하기까지는 많은 시간이 걸렸습니다. 제 치료 과정이 결코 림프종 치료의 표준이 아님을 압니다. 발병 원인과 형태와 병기가 각자 다르고, 또 치료기관에 따라 치료 방법도 약간씩 다를 수 있다는 것도 압니다.

그렇지만 안타깝게도 지금 막 발병 통보를 받고 망연자실하며 어떻게 해야 할지 모르고 있는 분들과 가족분들께 작은 도움이라도 드리고 싶습니다. 생각하지도 않은 암 진단을 받고 당혹감과 불안감을 느끼실 암 환자분들과 가족분들이 치료의 내용 및 과정에 대해 개략적으로라도 이해하여 두려움을 극복하고 치료 과정에 임하시도록 도움이 되면 좋겠습니다. 따라서 이 책에 기록된 내용은 림프종 치료와 조혈모세포 이식에 관한 하나의 예시로서, 세부적인 치료 약물의 이름이나 혈액 수치 등의 개별적인 사항은 되도록 기재하지 않고 전체적인 치료 과정과 일정 및 느낌 중심으로 기록했습니다. 중요한 것은 림프종 진단을 받은 후 항암치료 과정과 자가 조혈모세포 이식 과정을 거쳐서 지금은 정상적인 생활을 하고 있는 경우가 있다는 모습을 알려드리고 싶다는 것입니다.

저는 발병 통보를 받은 때부터 그리고 치료받는 과정에서 제가 믿는 하나님의 섭리를 깨달았고 그분의 치유의 손길을 느꼈으며 지금도 감사하는 마음을 가지고 있습니다. 평온한 마음을 유지할 수 있었고 또한 치료 과정에서 삶에 관해 여러 가지 새로운 관점을 가지게 된 것이 감사한 일이라고 생각합니다.

치료 과정을 처음부터 전문적으로 자세하고 진행해 주신

이대목동병원 박영훈 교수님께 감사를 드립니다. 보살펴 주신 간호사분들과 도와주신 분들 및 함께 기도해 주신 분들께 감사드립니다. 가족들에게 고마운 마음입니다.

추천사

암 질환이 증가하고 있습니다. 국가암정보센터에서 산출된 자료를 보면 2021년의 암 발생자가 27만여 명이고, 우리나라 국민들이 기대수명(83.6세)까지 생존할 경우 암에 걸릴 확률이 38.1%로 추정되었습니다. 그리고 이 암 발생 확률은 고령화 진전과 환경 변화 등에 따라 앞으로 좀 더 높아질 것으로 예상되고 있습니다.

여러 종류의 암 중에서 혈액암은 비교적 발생 빈도가 낮은 편이고, 따라서 혈액질환에 관한 일반적인 자료가 많지 않습니다. 악성 림프종 중에서 가장 많은 비율을 차지하는 것이 미만성 거대 B세포 림프종인데, 아쉽게도 이 림프종을 예방하는 특별한 방법이 없고 권장되고 있는 조기검진법도 없습니다. 증상도 통일적이기보다 여러 형태로 나타나기 때문에 병의 개념을 이해하는 것도 쉽지 않은 상태입니다.

다만 혈액학은 의학 분야 중에서 빠르게 발전하는 분야 중의 하나입니다. 이 발전 과정에서 혈액질환에 관한 올바른 정보를 알리는 것이 중요한데, 그중에서 림프종 환자의 직접적인 치료 경험도 중요하고 가치 있는 정보입니다. 그런 면에서 이번 백태종 환자의 치료기록은 큰 의미가 있다고 생각됩니다. 백태종 환자는 림프종 3기로 진단되었는데, 진단 초기부터 항암치료요법을 받아들이고 치료 절차를 성실하게 따라주어 6개월간의 치료 과정을 예정대로 완료했습니다. 비록 치료 과정 중에 몇번의 예측하지 못했던 상황이 발생하기도 했지만 긍정적인 마인드로 극복하여 관해(寬解) 판정을 내렸고, 재발 방지 차원에서 자가 조혈모세포 이식까지 마쳤으며, 지금은 몇 개월마다 검진을 통해 상태를 검사하는 중이고, 특별한 사항이 발생하지 않으면 몇 년 후 완치 판정을 내릴 수 있을 것으로 예상됩니다.

같은 림프종이라 하더라도 발병 형태와 병기 및 환자의 상태에 따라 치료의 방법과 과정이 다릅니다. 따라서 이 책의 내용이 림프종 치료의 표준이 아님은 분명합니다. 하지만 미만성 거대 B세포 림프종의 치료 과정 및 조혈모세포 이식 과정을 잘 마친 하나의 사례로서, 그 과정을 개인의 기억으로만 간직하지 않고 체계적으로 정리하여 공개한 점에서 의미가 있다고 생각합니다. 이 책에는 치료 과정이 사실대로 기록되어 있고 게다가 치료 절차마다 환자의 입장에서 느꼈던 개인적인 생각과 마음가짐이 기록되어 있습니다.

치료 과정을 잘 마치고 이제는 정상적인 생활을 하고 있는 좋은 사례라고 판단되는 바, 혹시 지금 림프종이라는 진단을 받았거나 항암치료 중에 있는 분들 및 조혈모세포 이식을 준비하고 있는 분들께서 전반적인 내용을 파악하시고 또한 병원생활하시는 데 도움이 될 것이라고 생각되어 이 책을 추천해 드립니다.

이 책을 보시는 모든 분들께서 건강하시기를 빕니다.

이대목동병원 혈액종양내과 전문의 박영훈

1. 정기 건강검진과 대장내시경 검사

특별하게 이상한 느낌 없이 생활하던 때였다. 다만 코로나 백신 접종을 받은 며칠 후 가끔 아랫배가 약간 묵직함을 느꼈지만, 당시 언론에 보도되던 코로나 예방접종의 부작용 상태와는 사뭇 다르고 경미한 정도였기에 별로 염두에 두지도 않았다.

그러다가 매년마다 하던 정기 건강검진을 받으면서 복부 초음파검사를 추가했는데, 일주일 후의 결과 설명에서 하복부 임파선이 조금 부어 있고 미량의 혈변 증상이 있어서 대장 내시경 검사가 필요하다는 진단 결과를 들었다.

대장내시경 검사 역시 3년째 하고 있어서, 매년 검사하던 집 근처 하지외과병원에 가서 대장내시경 검사를 신청했다. 안내문에 따라 검사 3일 전부터 소화가 잘 되는 음식을 먹고 검사 전날에는 흰죽을 먹다가 18시간 전부터 금식을 하고, 설사를 유발하여 장 속에 남아 있는 음식물 찌꺼기를 완전히 비우게 하는 장 청소 약과 물 3리터를 시간별로 맞추어 마신 후 병원에 가서 수면검사를 했다. 검사실에서 한 시간 정도 푹 쉬었다고 생각하며 깨어난 후 상담실로 들어갔는데, 전혀 생각하지도 않았던 말을 들었다. 대장과 소장의 연결 부분에서 종양이 발견되었는데, 그 부분은 대장 항문외과의 영역이 아니어서 제거수술을 하지 못하고 조직세포의 일부분만 떼어냈고 외부 전문기관에 조직 검사를 의뢰하겠는데, 우선 집 가까운 종합병원에 빨리 가서 정밀진단을 받아보라며 그 자리에서 진료의뢰서를 발급해 주는 것이었다.

갑작스러운 결과를 듣고 혼란스러워 하며 집에 돌아와서 읽어본 진료의뢰서에는 이렇게 쓰여 있었다.

상병명 : 횡행결장의 양성 신생물, (의증)항문 및 직장의 출혈, 회맹판의 양성 신생물

진료 소견 : 상환 금일 본원에서 시행한 대장내시경 검사상 Terminal ileum에 10mm, lsp 병병 관찰되어, further evaluation 위해 진료의뢰 드립니다

영어사전을 통해, terminal ileum이 소장의 끝부분인 것은 알아냈지만 lsp가 무엇을 의미하는지는 알 수 없었고

'양성 신생물'이라는 단어가 마음에 걸렸다. 잠시 생각을 정리한 후에, 집에서 가까운 종합병원인 이대목동병원으로 혼자 갔다. 원무과에 가서 진료 접수를 하니 처음에는 접수 당일에는 진찰이 안된다고 하다가 진료의뢰서를 제출했더니 바로 소화기내과로 진찰 배정되는 것을 보며 '내 상태가 그렇게 심각한가?' 하는 생각이 들었다. 많은 환자들이 진찰 순서를 기다리고 있던 중간에 긴급 순서로 소화기내과 전문의 교수님의 진찰실에 들어가서 진행 상황을 설명드리고 진료의뢰서를 보여드렸더니, 조직 검사 결과서가 나오면 그것을 본 후에 판단하겠다고 했다.

　며칠 후에 집 근처 하지외과병원에서 외부 전문기관에 의뢰했던 조직 검사 결과가 나왔다는 연락을 받고 가서 수취한 "조직 병리 진단 보고서"에 이렇게 적혀 있었다.

Gross Findings : Received in formalin is a piece of grayish white soft tissue, measuring 0.3cm in greatest dimension. Entirely embedded.

Diagnosis : Small intestine, (terminal ileum), punch biopsy : Prominent lymphohistiocytic infiltration with atypical cells. (see comment)

Comment ： H&E상 감별진단으로 malignant tumor (lymphoma, poorly differentiated carcinoma, etc.) 또는 reactive change (infectious , inflammatory, etc.)의 가능성을 생각할 수 있습니다. 임상소견과 같이 correlation 하여 추가 검사, 추적 관찰 등 향후 계획을 세우시기 바랍니다

내용을 잘 모르는 내가 보아도 림프종과 같은 이상 증상의 가능성이 있다는 뜻이었다.

대장내시경 검사를 진행했던 하지외과병원의 의사에게 좀 더 자세하게 설명해달라고 요청했더니, 대장내시경 검사 당시 대장 내부를 내시경으로 샅샅이 두 번 검사했지만 용종을 발견하지 못하였는데, 전년도의 검사 결과와 이번 혈변 증상에 따라 대장 내 용종이 분명히 있을 것으로 추정하여 다시 한번 더 검사하던 중 대장과 소장의 연결 부분에서 종양을 발견하게 되었다는 설명이었다. 그러면서 종전부터 매년 검사한 경우가 아니고 처음 검사하는 경우였다면 발견하기 힘들었을 것이고, 일 년 후 또는 몇 개월 후에 좀 더 진

전된 상태에서 종양이 발견되었을 것이라는 말을 듣고서, 건강검진을 매년 같은 병원에서 하고 또 대장내시경 검사도 매년 동일한 병원에서 진행하는 것이 중요하다는 생각이 들었다.

그 조직 병리 진단 보고서를 이대목동병원에 제출했더니, 소화기내과 교수님은 심각한 표정으로 본인이 대장내시경 검사를 직접 다시 해보아야 하겠다며 검사 일정을 정하는 것이었다. 그날이 목요일이었고 검사 일정이 그다음 주 화요일이었으니 5일 후이었고 주말을 뺀 평일로는 3일 후 검사 일정 이어서 왜 그렇게 서두르는가 하며 조금 긴장했는데, 진찰실에서 나와 담당 간호사로부터 대장내시경 검사 시의 준비사항에 관해 설명을 듣던 중 그처럼 긴급한 검사 일정은 거의 없다는 말을 들었다. 진찰 후 2주에서 3주 정도 후에 검사를 하는 것이 일반적인데 교수님이 직접 내시경검사실에 전화하여 내 검사 일정을 긴급하게 정했다는 말을 전해 들으며 조금 더 긴장되었다.

한 주간 전과 동일하게 음식 조절을 하고 장 청소 약과 물을 마신 후 대장내시경 검사를 마쳤고, 검사 결과가 일주일 후에 나온다는 말을 듣고 당일에는 평안한 마음으로 돌아왔다는데, 며칠 후 내시경 검사 결과가 일주일 더 후에 나온다는 것이 아닌가. 그 사유를 물어보았더니, 대장에서 떼어낸 세포조직의 정밀검사를 해야 하기 때문이라는 설명이었다. 정밀검사를 해야 한다는 말에 내 상태가 심각해서 그런 것은 아닌가 하는 생각이 들어서 마음이 더 무거워졌다.

2. 진단 결과

　마음의 준비를 하고 한 주간 후에 아내와 함께 소화기내과 진찰실에 들어가니, 교수님이 굳은 표정으로 말했다. "암입니다" 라고 말하던 그 교수님의 얼굴 표정을 또렷이 기억한다. 안쓰러워하는 듯한 그러면서도 미안해하는 듯한 표정이었다. 교수님이 내게 미안해하실 일이 아닌데도 왜 그런 표정을 지으실까 하는 생각이 들었고, 그 말을 함께 들었던 아내가 "정말이에요? 정말 확실해요?"라고 묻는 것이 무의미하다는 생각이 들 정도로 멍했다. 교수님은 그 자리에서 컴퓨터에 내 이름을 '중증 대상자'에 등록했고, 혈액종양내과 교수님을 소개해 주면서 긴급으로 진찰받을 수 있도록 접수해 주었다. 나는 더 이상 아무 말도 하지 않고 교수님께 고개 숙여 감사 표시만 하며 그 진찰실에서 나왔고, 다시 혈액종양내과의 진찰 순서를 기다리면서 아내와 나는 아무 말도 나눌 수 없었다.

　나중에 병원 원무과에서 발급받은 병리 검사 결과서에는 이렇게 적혀 있었다.

High grade B-cell lymphoma, consistent with diffuse large B-cell lymphoma

'넓게 퍼지고 고도화된 큰 B-세포 림프종'이라는 내용이었다.

혈액종양내과 박영훈 교수님의 진찰실에 들어서니, 교수님은 이미 내용을 통보받았다며 병명과 치료 과정을 설명해 준 후, 3일 후에 입원하여 필요한 검사를 하고 치료를 시작하자며 서두르는 것이 아닌가. 암 진단의 확실 여부에 관해 아내가 또다시 질문했지만, 그것은 질문이라기보다는 진단 결과를 받아들이기 어렵다는 표현이었을 뿐이었다. 교수님은 세포의 조직 검사 결과서의 내용과 증상에 관해 자세하게 설명해 주면서 총 여섯 번의 항암제 투여를 하는데 치료를 빨리 시작해야 한다고 했다. 그렇게 암 발병 진단과 항암치료 설명을 갑자기 받고서, 나는 망설이지 않았다. 가끔 TV프로그램에서 보던 내용과 같이 산속에 들어가서 하는 자연치료는 그때 생각조차도 하지 않았고, 바로 그 자리에서 항암화학요법 치료를 받겠다고 신청했다.

그때가 정기검진 후 두 달 무렵이었고, 대장내시경 검사에서 처음 이상 징후를 발견한지 한 달 무렵이 지난 시점이었다. 집에 돌아와서 딸과 아들에게 진단 결과와 치료 일정을 전달하니 그저 멍한 표정과 목소리였다. 외부로 나타나는 특별한 증상 없이 일상적인 생활을 해왔던 터라 믿기지 않는 충격적인 내용이었을 것이다. 그렇게 가족에게만 알리고, 교회 목사님께 연락드렸더니 전화를 통해 기도해 주시며 담대하게 치료받으라고 안심시켜 주셨다.

당시 코로나 바이러스가 확산되는 상황이어서 코로나 감염자는 병원 입원이 허용되지 않았기 때문에, 입원하기 전에 코로나 검사를 했고 음성 판정 결과를 받았다. 그러고는 나 혼자서의 생각들에 빠졌다. 왜 내가 암에 걸렸을까. 군제대 이후 40여 년 동안 체중 변화가 없었고 등산과 마라톤까지 하며 체력을 유지했는데… 내 발병이 의미하는 것이 무엇일까, 치료 과정이 어떻게 진행될 것인가, 당분간 어떤 일정으로 지내야 하는지, 암 환자라고 하면 머리카락이 다 빠지고 무시무시한 통증과 함께 피골이 상접한 모습을 떠올렸던 것 아닌가. 이제 내가 그런 모습으로 된다고?

3. 악성 림프종

교수님은 림프종에 대해서 개략적인 설명과 치료 과정을 다시 설명해 주신 후에, 세부적인 내용을 참고하도록 악성 림프종에 관한 소개서를 권해주셨다. 대한혈액학회에서 발행한 자료였는데, 나중에 자세히 보니 집필 및 편집진에 교수님의 이름도 포함되어 있어서 교수님이 직접 집필에도 참여하신 것을 알게 되었다.

그 소개서와 함께 림프종에 관한 여러 가지 자료들을 통해서 악성 림프종에 관해 조사하고 정리해 보았다.

▶ 악성 림프종의 정의와 종류

악성 림프종은 림프조직 세포들이 악성으로 전환되어 생기는 종양인데, 주로 림프 조직에 발생하고 림프절이나 장기조직에의 침범이 흔한 질병이다. 모세혈관을 흐르는 혈액은 몸속에 산소를 공급한 후 대부분 정맥을 통해 심장으로 되돌아가는데, 혈액의 일부는 림프관으로 연결되고 림프절을 지난 림프액이 정맥을 통해 역시 심장으로 되돌아가게 된다. 이때 림프관의 중간중간에 있는 결절 모양의 림프절 안에 면역작용을 하는 림프구가 있어서 림프관에 침입한 세균 같은 이물질을 제거하고 미생물을 여과하여 신체를 방어하는 역할을 하게 되는데, 림프절 안에 있는 림프구가 악성으로 변하여 림프종으로 되는 것이다.

림프종에는 호지킨 림프종과 비호지킨 림프종이 있는데, 비호지킨 림프종이 악성 림프종이고 그중에서 가장 많이 차지하는 것이 미만성 거대B세포 림프종이다. 2020년 우리나라에서 발생한 전체 암 종류 중에서 악성 림프종은 2.3%의 비율이었는데, 그 악성 림프종 중에서도 비호지킨 림프종의 비율이 96%로서 대부분이었다. 그 비호지킨 림프종 중에서도 B세포 림프종이 약 82%의 비율이었다. 그리고 림프종의 발생 연령대는 나와 같은 60대가 가장 많고 이어서 70대와 50대의 순서로서, 50대~70대가 64%를 차지하는 것을 통계적으로 알게 되었다.

▶ 악성 림프종의 위험요인과 증상

악성 림프종의 발생 원인으로서는 바이러스 연관성과 비정상적인 면역조절 기능 등으로 파악되고, 면역결핍 상태도 발생 원인의 하나로 밝혀지고 있다. 그런데 면역결핍 상태의 원인으로서는 선천적 또는 후천적인 면역결핍 증세일 수도 있고, 장기이식 후에 면역억제 치료를 받는 과정에서 나타나거나 자가면역질환 등에서 발생할 수 있다고 한다. 내 림프종 발병 원인에 관해 곰곰이 생각해 보았지만 특별하게 떠오르는 요인이 없었는데, 스트레스 등의 요인도 면역조절 기능을 저하시킨다고 하여 그러한 심리적인 요인과 함께 다른 요인이 복합적으로 작용한 것이 아닌가 하고 추측해 보았다. 스트레스가 모든 병의 원인이라고 하는데, 림프종에도 예외가 아닐 것으로 생각되었다.

일반적인 증상으로는 열이 나거나 잠잘 때 땀을 많이 흘리거나 체중이 감소하는 현상이 나타난다고 하는데, 내 경우에는 그러한 증상이 거의 없었고 오직 아랫배가 묵직한 느낌만 가끔 있었다. 악성 림프종은 림프절뿐만 아니라 여러 장기를 침범하는 경우가 많다고 하는데, 나는 통증도 느끼지 못했고 일반적인 증상도 느끼지 못하고 지내다가 건강검진 과정에서 소화기관에 있던 종양을 발견하게 된 것이다. 진단은 종양 부위의 조직 검사를 통해 이루어지는데, 처음 3밀리미터 정도의 종양을 떼어내어 검사했고 이후 또 한 번의 재검사 과정에서 조직 검사와 종합 검사를 통해 최종 발병 진단을 받게 된 것이다.

▶ 악성 림프종의 병기 결정과 치료 과정

림프종의 병기는 전이 정도에 따라 1, 2, 3, 4기로 분류되는데, 하나의 림프절이나 하나의 림프조직 부위만 침범당했으면 1기이고, 횡격막의 한쪽 편으로만 두 개 이상의 림프절에 침범당했으면 2기, 횡격막의 위아래 모두 림프절이나 림프조직을 침범당했으면 3기, 그리고 림프절 이외의 간 골수 및 장기 등에까지 침범당했으면 4기로 판정된다.

이러한 병기 판정과 더불어 예후를 예측할 때 중요한 사항으로서는 나이, 혈청 LDH수치, 신체활동 능력, 림프절 이외의 조직에 발생한 종양의 수 등으로서, 그러한 예후 위험인자의 정도에 따라 치료 여부가 결정된다.

치료는 병기와 악성도의 정도 및 림프종의 종류에 따라 차이가 있다. 림프종은 혈액암의 일종이므로 수술로 치료하는 경우는 거의 없고, 방사선치료 또는 복합 항암화학요법으로 치료한다. 방사선치료는 종양 발생 범위가 일부분에 국한된 1, 2기 병기의 경우에 종양의 위치와 종양의 수에 따라 국소적으로 적용하는데 이때 정상적인 장기에 손상을 주지 않으면서 종양만 제거할 수 있는 용량을 사용하여 진행하게 된다. 방사선치료 이외에 대부분의 경우에는 몇 가지 약제를 조합한 항암제를 투여하는 복합 항암화학요법을 적용하여 치료를 진행한다. 그 치료 기간과 횟수는 암의 종류, 항암제의 종류, 치료에 대한 반응 및 부작용의 정도에 따라 다른데, 한 회차의 치료 기간은 대개 1~5일 정도이고 항암제를 투여한 후 3주 이상의 휴식 기간을 두어 정상세포가 회복되기를 기다린 후에 다음 회차의 치료를 시행한다. 혈액검사 및 진찰을 통해 정상세포가 충분하게 회복되었는지 확인한 후 치료를 주기적으로 반복 시행하게 되는데, 종양이 전신에 걸쳐 발생된 3, 4기의 경우 6~8회의 항암제 투여를 하는 치료가 진행된다.

대부분의 항암제는 빠르게 성장 분열하는 암세포에 작용하여 효과를 내기 때문에 성장 분열이 빠른 일부 정상세포도 공격하여 부작용을 일으키는데, 이러한 부작용은 항암제의 종류와 용량, 치료 기간 및 각자의 상태에 따라 다르게 나타나기도 한다. 일반적인 부작용으로서 탈모, 메스꺼움, 구토, 피곤, 빈혈, 구내염, 설사, 변비, 호중구 감소로 인한 감염 등의 증세가 나타나기도 하는데, 외견상 가장 두드러지게 표시 나는 탈모는 일시적인 현상이고 다른 부작용은 적절한 예방법과 치료로 조절될 수 있고 시간이 지나면 저절로 회복된다. 제일 위험한 것은 골수기능 억제로 인한 감염의 증가와 폐렴 및 패혈증으로서 신체의 장기가 바이러스에 감염되지 않도록 해야 하는데, 그러한 원인 미생물이 혈액 내로 침범하여 패혈증을 일으키지 않도록 조심하는 것이 필요하다.

병기 3, 4기 림프종의 25~30%가량이 항암화학요법 치료 후 관해(寬解) 판정을 받았다가 재발하는 것으로 나타나는데, 치료 종결 후 재발한 경우에는 자가 조혈모세포 이식을 하는 경우가 일반적이다. 그 외에도 치료 과정을 거쳐 관해 판정을 받고 재발하지 않은 경우라도 추후 재발 방지를 하기 위해서 자가 조혈모세포 이식을 미리 하는 경우도 있다.

4. 첫 번째 항암치료와 코로나 감염
(1주 차~4주 차)

   2월 말 오후에 입원했다. 병원 원무과로부터 미리 안내받은 대로 입원 기간 중에 필요한 물건들을 캐리어에 담아서 혼자 덤덤하게 병원 문에 들어서며, 하늘을 한번 올려다보았다. 내 발로 걸어서 나올 수 있겠지요?

〈이대목동병원 사진〉

▶ 항암치료 준비

4인실 병실에 배정받은 후 손목에 환자 팔찌를 끼고 환자복으로 갈아입고 나니, 드디어 이제 내가 환자이구나 하는 생각이 들었다. 모든 것이 낯설었다. 환자복도 펑퍼짐했고 커튼을 치면 한 평도 안 되어 보이는 병상도 좁게 느껴졌다. 그럼에도 불구하고 마음속으로는 평안함을 유지할 수 있었다. '그래 좀 쉬고 가자. 치료 과정이 그리 힘들지 않을 것이니 그동안 잘못 지내온 것 돌이켜보고 바빴던 것 잠시 내려놓고 특별히 쉬는 기간으로 삼자' 하고 생각하며 침상에 앉아 혼자 묵상기도를 드렸다.

하나님, 잘못된 습관에서 벗어날 수 있는 특별한 은혜를 주신 것에 감사드립니다. 치료 과정을 잘 버틸 체력을 유지하게 하여 주시옵소서. 몸 마르고 머리카락 빠지는 상태를 잘 극복할 수 있기를 원합니다. 약물치료로 완치되고 재발하지 않게 하여 주시옵소서. 치료 기간 중 가정 내 할 일과 교회 내 사명 및 사회적 역할도 잘 감당할 수 있게 도와주시옵소서. 예수님의 이름으로 기도드립니다. 아멘.

그 기도 내용은 입원 기간 중에 그리고 퇴원 후 치료 과정 내내 그리고 현재까지 계속되는 기도 제목이 되고 있다.

병실 사용 안내에 이어 예정되어 있는 검사들이 이어졌다. PET-CT 검사(핵의학 양전자 반응 검사)와 심전도검사와 X-Ray 촬영이 각각의 검사실에서 진행되었고, 병실에 돌아와서 혈액채취 및 소변채취가 이루어졌다. 이후 혈액채취는 입원 기간 및 외래진료 기간 중에 거의 매일 이루어진 검사 항목이 되었다. PET-CT 검사는 미량의 방사능 추적자를 체내에 주입하고 1시간 정도 후에 그 분포 상태를 영상으로 촬영하여 악성 종양의 유무와 위치 등을 측정하는 절차인데, 촬영 전 8시간 동안 금식하는 것은 문제없었으나 1시간 전에 물 1리터를 마시는 것이 쉽지 않았고 검사 후에도 물을 충분히 마시라는 안내를 받았다.

혈액 검사할 때마다 검사 결과를 건강수첩에 기록해 주었는데, 혈액 수치는 백혈구, 헤모글로빈, 혈소판, 절대호중구 네 가지 항목이었다. 첫 번째 검사의 결과로서 백혈구 6,700 (정상수치 4,000 ~ 10,000), 헤모글로빈 13.1 (정상수치 14.0 ~ 16.5), 혈소판 255,000 (정상수치 150,000 ~ 450,000), 절대호중구 4,730 (1,000 이상 일상생활, 500 이하 격리) 이었는데, 대부분 정상 수준이었다. 이 중에서 '절대호중구' 항목이 중요했는데, 항암치료 후반기 중에는 그 수치가 500 이하로 떨어져서 격리병실에 혼자 지내기도 했고, 심지어 여러 날 동안 0(측정불가 수준)까지 기록하여 큰 위험에 처하기도 했다. 혈액의 정상수치는 병의 증상마다 다르고 또 치료하는 병원마다 약간씩 다르다는 것을 나중에 알게 되었지만, 정상 범위를 유지하는 것이 필요한 것과 함께 그 변화 추이가 중요한 의미가 있다는 것을 알게 되었다.

다음날이 공휴일이어서 진료는 없었지만 기본적인 검사가 이어졌다. CT 검사가 있었는데, 목 어깨 가슴 복부 골반 등 거의 전신을 촬영하는 과정이었다. 촬영전 8시간 동안 금식 하고 1시간 전에는 물 1리터를 마셔야 했는데, 검사를 아침 에 하게 되면 전날 저녁식사 후 밤에 아무것도 먹지 않으면 되니까 준비하는 것에 어려움이 없었지만 물 1리터를 마시 는 것이 쉽지 않기도 했다. 검사실 문 앞에서 순번을 기다 리면서 둘러보니, 나처럼 대기 의자에 앉아서 기다리는 사 람들도 있었지만 병상에 누운 채로 이동해와서 복도에서 잠 시 대기하는 환자들도 있는 것을 보며, 내 발로 걸어서 검 사받고 치료받을 수 있는 것이 소중하고 감사함을 느꼈다. 하지만 몇 달 후에 나도 그처럼 병상에 누운 채로 실려와서 검사받을 줄을 그때는 생각하지 못했다.

오후에는 병실에서 인지력 검사가 있었는데, 정신이 제대로 있는지 생각을 정상적으로 하는지 심리적으로 문제가 없는지 등등을 검사하는 내용이었다. 질문 내용이 너무 당연한 내용들이었고 내가 무시당하는 것 같은 기분이 들어서, 그런 당연한 질문을 왜 하느냐며 항의하는 듯한 말투로 질문을 했더니, 앞으로의 긴 치료 과정을 잘 이겨낼 수 있는지 등 심리상태를 파악하기 위한 것이라는 답변이었는데, 아무튼 좀 묘한 기분이 들기도 했다.

입원 검사 세 번째 날에는 검사 항목이 많아졌다. 폐 기능 검사는 모니터를 통해 진행 내용을 보며 검사 결과를 즉시 확인할 수 있었다. 이어서 잠복결핵 혈액검사와 체지방 근골격 검사는 간단하게 이루어졌는데, 척수 검사와 유전자 검사를 할 때는 약간 따끔함을 느꼈다. 그리고 골밀도 검사와 X-ray 촬영이 있었다

▶ 케모포트 설치

입원 네 번째 날에는 전날에 했었던 척수 검사의 처치 치료가 있었고 심장초음파 검사가 있었다. 그리고 점심 금식 후 오후에 이식포트(케모포트) 삽입 시술이 있었다. 항암제 투여 방법은 약물에 따라 다른데 주삿바늘을 정맥에 삽입하

여 약물을 투여하는 정맥주사 방법과 알약이나 캡슐 형태의 항암제를 복용하는 경구투여 방법이 있고 근육이나 피하에 항암제를 주입하는 근육 피하주사 방법이 있다. 정맥주사 방법의 하나인 케모포트는 항암화학요법이나 수혈 수액치료 혈액채취 등을 목적으로 가슴 쪽 중심 정맥에 삽입하는 인공 플라스틱 관으로서, 앞으로 이어질 수없이 많은 검사와 치료 과정에서 손이나 팔에 주삿바늘을 꽂지 않고 포트를 통해 주입하거나 채혈하여, 불편하지 않고 통증 없으며 혈관을 보호하는 가능을 한다는 설명을 듣고 망설임 없이 동의하고 진행했다. 하지만 외과병동의 차가운 병실에 누워 대기할 때의 싸늘한 느낌이 몸을 움츠리게 했다. 쇄골 밑 가슴 부위에 부분마취 후 가슴 피부를 절개하고 포트를 삽입하고 봉합하는 소리를 귀로 들으며 따끔할 정도의 통증을 느끼기는 했지만 큰소리를 지를 정도는 아니었고 시간은 30분 정도 걸렸다. 결과적으로 케모포트는 그 이후 몇 달간의 치료 과정에서 유용하게 활용되었다. 남자 간호사가 끄는 병상에 누워서 긴 복도의 천정에 달려있는 형광등의 개수를 세어보며 병실로 돌아오면서, 이제 내가 환자인 것이 확실하구나 하는 생각이 들었다.

▶ 항암치료 시작

드디어 첫 번째 항암치료가 시작되었다. 아침 회진시간에 주치의 박영훈 교수님이 병실에 들러서 '치료 준비가 잘 되었으니 걱정 말고 시작하자'고 하신 말씀이 내 마음을 든든하게 했다. 그래서였을까 이틀간에 걸친 항암제 투여는 아무 이상 없이 진행되었고 별 느낌 없이 마쳐졌다. 주입되는 항암제의 내용과 특성 및 부작용 등에 관해 전공의 선생님이 자료를 제공해 주며 세세하게 설명해 주었는데, 특히 38℃ 이상의 고열이나 오한 및 장내 출혈 현상 등이 발생하면 즉시 간호사에게 알리는 것이 중요하다고 했다.

하지만 통증이 있지도 않았고 부작용 현상이 발생하지도 않았으며, 링겔대에 높이 걸려 있는 비닐 팩에서 한 방울 한 방울씩 떨어져서 케모포트를 통해 주입되는 항암제를 멀뚱히 쳐다보기만 했을 뿐이었다. 어떤 약은 모두 주입하는 데 한 시간 걸렸고 어떤 약은 세 시간 또 어떤 약이 몇시간 그리고 또 다른 어떤 약은 여덟 시간 걸렸는데, 비닐 팩 액체 약을 교체할 때마다 간호사가 약의 이름과 내용에 관해 설명해 주었지만 무슨 약인지 특별히 귀 기울이지 않았다. 그만큼 의료진을 믿고 있었고, 또 내 마음도 긴장되거나 위

축되지 않았고 편안한 상태였다.

〈링거 거치대 사진〉

이동식 링거 거치대를 끌고 병원 내 여기저기를 돌아다니는 동안뿐만 아니라 병상에 누워서 자는 동안에도 치료 약물은 방울방울 내 혈관으로 주입되었고, 그렇게 거의 만 하루 만에 치료제 투입이 완료되었다. 항암치료가 별 것 아니구나 하는 생각이 들 정도로 아무런 느낌이 없었는데, 다만 반응이라고 할 만한 것으로서는 목소리가 조금 변한 것과 소변이 자주 마려운 것 정도였다

이렇게 첫 항암치료를 마치고 나서 형님들과 처가 쪽에 내 암 발병 사실을 전화로 알렸다. 암 진단을 받은 시점에 알릴까 하고도 생각했었지만, 병의 정도와 치료 과정에 관해 나 자신도 모르는 상태에서 알리게 되면 걱정을 많이 하실 것 같아서 1차 치료를 마치고 연락한 것이었다. 하지만 그때에도 친구들과 선후배 분들께는 알리지 않았다. 코로나 팬데믹 기간이어서 병원 방문이 금지되어 있고 외부에서 만나는 것마저 꺼림직해 하던 시점에 만나지도 못하면서 암 발병 사실을 들으면 걱정만 하고 중병에 빠진 것으로 실제 이상으로 오해할까 봐, 치료를 모두 마친 후에 회복한 모습으로 만나서 얘기하는 것이 낫겠다고 생각해서였다.

갑작스럽게 연락을 받은 분들 모두 깜짝 놀랐고 바로 병

원으로 찾아오시려는 분들도 있었지만, 코로나 상황으로 인해 외부인의 병실 방문이 금지되어 있었고 나는 담담하게 내 상태와 치료 절차를 설명해 드리면서 안심시켜 드렸다. 휴~~ 연락드릴 사람들께 알리고 나니 마음이 더 가벼워진 느낌이었고, 남은 치료 과정을 잘 마친 후에 완치된 모습을 보여드리겠다고 다짐했다.

드디어 토요일에 퇴원. 월요일에 입원했으니 일주일 만이었다. 주치의 교수님께서는 첫 번째 치료가 잘 진행되었으니 동일하게 진행될 남은 치료 과정도 잘 이겨낼 것이라고 격려해 주셨다. 그리고 병실책임 간호사로부터 주의사항을 설명 들었는데, 손 씻기와 집안 청결 등 위생상태를 깨끗하게 하고 균형적인 식사를 통해 건강한 영양상태를 유지하며 물을 충분히 마시며 면역력이 저하되지 않도록 조심하라는 내용이었다.

그리고 오른쪽 가슴 쪽에 설치해 놓은 케모포트에 외부 병균이 침입하지 않도록 조심스럽게 관리하도록 설명도 받았는데, 샤워할 때에는 물에 젖지 않도록 비닐 등으로 감싸고 날마다 소독하도록 안내받았다. 병원균이 케모포트 안

암 환자 생활 안내

위생	▶ 손 씻기 감염예방을 위해 가장 중요한 내용으로서, 식사 전후, 화장실 이용 후, 외출 후 및 다른 사람과 접촉한 후에 손 씻기 ▶ 구강위생 부드러운 칫솔을 사용하고, 사용 후 물에 헹궈 완전히 건조하기
음식	▶ 적정 체중을 유지하기 위한 규칙적인 식사와 간식 섭취 ▶ 단백질 식품을 매끼 섭취 (육류, 생선, 콩, 두부, 계란 등) ▶ 육류는 기름기 부분을 제거하고 살코기 위주로 섭취 ▶ 신선한 채소와 과일 섭취 ▶ 유제품 (하루 1~2컵 정도)· ▶ (섭취 금지) 탄 음식 및 직화구이, 훈제식품, 육가공 식품(햄, 소시지), 성분이 불분명한 건강 보조제 한약 등 ▶ (입맛이 없어서 식사량 부족 시) 간식과 영양보충식품을 통해 단백질과 열량 보충
물	▶ 충분한 수분 섭취 (하루 6~8잔 정도)
집 환경	▶ 환자 주변 및 환자가 사용한 물건의 청결 유지 ▶ 감염 우려가 있는 물건 치우기 (커튼, 카펫, 화분, 동물 등)
대인관계	▶ 사람이 많이 모이는 장소 피하기 (백화점, 식장, 극장 등) ▶ 외출 시 마스크 착용
운동	▶ 건강과 체력 수준에 맞게 진행
병원 방문	▶ 38℃ 이상의 고열, 오한 지속 (감염의 징후) ▶ 출혈 (잇몸, 코, 가래, 검게 변한 대변, 혈뇨) ▶ 숨 가쁨, 호흡곤란, 가슴 통증, 지침, 재채기, 콧물 등의 지속 ▶ 구내염, 입 주위나 피부에 수포나 궤양 발생 ▶ 통증이 동반된 설사 ▶ 두통과 함께 구토를 하는 경우

〈암 환자 생활 안내〉

으로 들어가지 않도록 살균 소독제를 묻힌 일회용 면봉으로 케모포트의 중심을 소독하고, 그다음에 바깥쪽으로 문지르며 멸균 반창고를 붙이고 멸균 필름을 붙이는 연습을 했는데, 그것은 이후 몇 달 동안 집에서 스스로 소독할 때 큰 도움이 되었다.

그리고 나서 두툼한 약봉지를 받았다. 대부분 10일간 복용하는 알약이었고 복약지도서에 약품명과 용법 및 효능 등의 복약안내가 자세하게 설명되어 있었는데, 어떤 약은 1일 2회에 각 10정씩 그리고 또 어떤 약은 1일 3회에 각 1~2 정씩이어서 아침 저녁에 먹는 알약이 거의 20정이 되는 경우도 있었다.

퇴원하는 마음이 마치 학교 졸업하는 기분이라고 할까 군대 제대하는 기분이었고 큰 과제를 끝마친 것처럼 가벼웠다. 병원 출입구를 나와서 다시 올려다본 하늘이 유달리 푸르다는 느낌과 함께 감사하는 마음이 들었다. 하나님 감사합니다… 형님 내외가 병원 출입구에 마중 나와서 집에까지 승용차로 데려다주신 것도 감사했다.

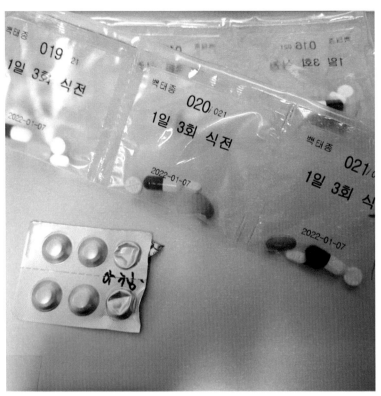

〈약봉지 사진〉

▶ 코로나 감염이라는 돌발적인 상황

그런데 집에 돌아온 다음날부터 몸에 이상 증세가 발생했다. 이발소에 들러서 미리 머리카락을 짧게 자른 후 운동 삼아 집 뒷산을 걷는 도중에 발걸음에 힘 빠진 느낌이 들어 서둘러 집에 돌아왔는데, 잔기침이 나고 목이 따끔거리기 시작했다. 얼굴 홍조 현상까지 생겨서 코로나 증상과 비슷하게 진행되어 집 근처 보건소에서 PCR 검사를 했는데, 다음날 전화를 통해 코로나 양성 통보를 받았다. 어디에서 감염된 것인지 생각할 필요도 없이, 바로 집안 소독을 하고 별도의 방에서 격리 생활을 시작했다. 퇴원 후 만난 가족들과 형님 모두 음성 판정을 받았는데도 나만 코로나에 걸린 것을 보니, 내 면역력이 약해진 때문이라는 생각이 들었다.

당시 코로나 확산이 위중한 상황이어서 모두들 긴장하고 조심하면서 별도의 방에서 취침과 식사를 하며 하루 종일 혼자 시간을 보내는데, 거기에다가 항암치료의 영향까지 나타나면서 내 스스로 느끼는 내 몸의 컨디션이 평소의 절반 수준 정도로 떨어진 것을 느꼈다. 37°C 후반까지 열이 올랐고 자다가 어디론가로 끌려가는 환몽을 꾸며 헛소리까지 하는 통에 가족들이 급히 깨우기까지 하여, 날 밝은 후에 병원에 연락하여 응급실에 입원 가능한지 문의했는데 코로나 환자는 일반 병원에 입원이 불가능하고 코로나 전문병원에 연락하여 치료받아야 한다는 답변이었다. 보건소에 연락을 했으나 당시 코로나 환자가 너무 많아서 입원은 할 수 없었고, 약국을 통해 처방을 받아서 알약을 전달받았는데, 암 치료 약에다가 코로나 치료 약까지 합하여 아침저녁으로 20정이 넘는 약을 먹게 되었다.

입맛까지 없어서 식사를 거의 못하여 기력이 바닥나 거의
종일 누워지냈는데, 다행히 병원에서 받아온 액상 단백질
보충제가 그나마 도움이 되었다. 퇴원할 때 식사를 거의 못
한다고 하여 받아온 옥수수 맛이 나는 단백질 보충제는 거

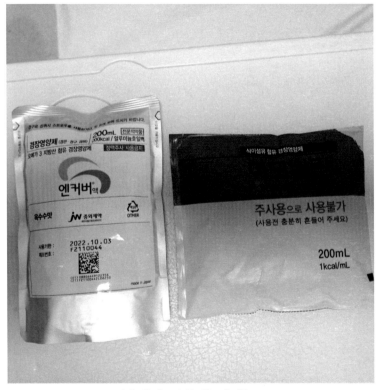

〈단백질 보충제 사진〉

부감 없이 넘길 수 있었고, 식사를 못하더라도 내 몸에 영양분을 공급해 준다는 생각에 마음까지 안정되기도 했다.

그렇게 일주일간의 격리 기간을 마쳤지만 몸 컨디션은 여전히 평소의 60% 정도에 머물렀고, 이후 집 근처 일반 병원에서 수액주사를 맞고 조금 회복되었지만, 거울에 비친 내 모습은 많이 수척해진 상태였다.

이후 조금씩 회복되어 정상적인 생활이 가능하게 되어 하루에 만보 정도씩 걷고 근육운동을 하며 몸 상태를 유지하려고 했는데, 걷기조차 힘든 때도 있고 발이 땅에 닿지 않고 붕 떠서 걷는 느낌이 들 때도 있었다. 첫 번째 퇴원 후 3주가 지난 시점에 다시 두 번째 항암치료가 시작되었다. 다시 입원하기 위해 코로나 PCR 검사를 했는데 다시 양성 반응이 나와서 보건소에 전화하여 정밀 검사를 요청했더니, 코로나에서 회복되었더라도 바이러스가 일부 남아 있을 수 있어서 재검사를 하더라도 동일한 결과일 것이라면서, 그러한 내용을 병원 측에 설명하면 용인될 것이라는 답변을 받았다.

5. 두 번째 항암치료와 이빨 흔들림
(5주 차~8주 차)

▶ 이빨 흔들림

그처럼 코로나 감염으로 인해 불안정한 상황이 이어지는 중에 2회차 항암치료를 앞둔 하루 전날 예상하지 못한 일이 발생했다. 저녁식사 도중 갑자기 앞 이빨 한 개가 흔들리면서 음식을 씹을 수 없게 된 것이다. 그다지 단단한 음식이 아니었는데도 아래 앞 이빨이 흔들리면서 위 이빨과 맞닿으면 심한 통증이 생기는 것이었다. 항암치료의 영향이 내 몸의 약한 부분에서부터 나타나는 것이 아닌가 하는 생각이 들었고, 앞으로 다섯 번의 항암치료를 무사히 마칠 수 있을까 하는 걱정이 들었다.

다음날 이대목동병원에 가서 보건소로부터 받은 코로나 격리 해제 통보서를 보여주고 다시 입원하여, 소변검사와 X-Ray 촬영과 혈액검사 및 심전도검사 등을 진행했다. 혈액 수치는 조금 떨어진 상태였지만 그래도 정상 수준이었고, 이빨 흔들림 이외의 다른 검사 항목들도 정상이었다. 치과

병동에 가서 이빨을 임시로 고정하는 처치를 받았는데, 옆
이빨과 임시적으로 묶어놓은 실이 끊어져서 식사 중 통증이
여전하여, 죽과 연한 음식으로 식사하게 되었다.

〈병원 식사 죽 사진〉

병원에서는 수시로 혈압과 체온을 체크했는데, 낮에도 검사하지만 저녁때와 밤 시간에도 정기적으로 검사를 진행했다. 특히 새벽 4시 반경에는 혈압과 체온 체크뿐만 아니라 체중 검사와 함께 혈액 채취까지 해서 처음에는 졸린 상태로 검사에 응했지만, 몇 번 진행하다 보니 그 시간에 깨어 있는 것에 익숙해졌다. 나뿐만 아니라 병실 내 모든 환자들의 상태를 모두 검사하느라 그 시간대에는 옆 병상의 희미한 불빛과 검사 장비의 부스럭거리는 소리와 함께 조그맣게 웅얼거리는 목소리에 잠을 깨곤 했는데, 아마 의사가 아침에 회진하기 전에 환자의 이상상태 여부를 점검하기 위한 준비과정인 것 같았다. 그리고 먹은 음식의 양과 마신 물과 음료의 양 및 배출한 양을 환자 본인이나 간병인에게 물었는데, 나는 병상 옆에 걸어 놓은 메모판에 때마다 적어 놓아서 간호사가 말없이 쉽게 적어가도록 해서 서로 번거롭지 않았다.

첫 번째 과정과 마찬가지로 두 번째 항암치료도 케모포트를 통해 거의 20여 시간에 걸쳐 혈관에 항암제를 주입하는 과정으로 진행되었다. 시간이 지남에 따라 이빨 흔들림의 감각이 조금 덜해지고 음식을 어금니로 살살 씹어 삼킬 수 있게 되어 식사를 천천히 든든하게 할 수 있게 되었다. 병실에만 있는 것이 갑갑하여 병동 내 복도와 다른 층 로비 등에서 걷기 운동을 했는데, 수시로 검사와 처방이 있으니 병상을 너무 자주 비우지 말라고 간호사로부터 주의를 받기도 했다. 하지만 특별히 하는 일 없이 병상에만 있을 수 없어서, 날씨 좋을 때마다 링거 거치대를 끌고 병원 내 옥상 정원으로 가서 풀꽃과 나무 등을 보며 이리저리 걷는 것이 당시 나에게 안정감을 느끼게 해주기도 했다. 이빨 흔들림 이외 다른 상태는 없었고 체중이나 체온에도 별 이상이 없

〈병원 옥상정원 사진〉

어서, 2박 3일간의 두 번째 치료 과정을 마치고 퇴원하게 되었다. 식욕을 돋우는 약을 원하면 처방해 주겠다는 말을 들었지만, 그보다는 내 의지에 따라 억지로라도 식사량을 유지하겠고 그래도 어려우면 단백질 보충제가 낫겠다는 생각으로 식욕촉진제는 처방받지 않았다.

퇴원 후 집 근처 치과병원에서 G-Fix라는 치과용 접착제로 이빨을 고정하는 처치를 받은 후부터는 조심스럽게나마 식사를 정상적으로 할 수 있게 되어서 마음도 안정되었다. 치과병원 원장님은 G-Fix 처치가 임시적인 처치이지만 조심만 하면 문제없이 계속 쓸 수 있다고 하셨는데, 그 후 2년여 지나서까지 계속해서 이상 없이 감사하게 잘 사용하고 있다. 그렇게 이빨 문제는 해소되었지만 병원에서 처방받은 많은 개수의 알약을 하루에 세번 먹는 것은 여전히 고역이었고, 수분을 충분하게 섭취하라는 복약 지시에 따라 물을 많이 마시게 되어 소변도 자주 마렵고 이에 따라서 밤에 충분한 수면을 취하지 못하는 현상도 발생했다.

▶ 항암치료 과정에서 체력의 주기적인 변화

항암제 투여 후 4일간 그러니까 퇴원 후 2일 정도까지는 정상 상태를 유지하다가 이후 몸에 기운이 없어지는 것을 느꼈는데, 특히 항암제 투여 시작 후 5일째부터 11일째까지의 일주일 동안 컨디션이 최저 수준이었고 체중도 줄어들었다. 항암제가 골수기능을 저하시켜서 일정 기간 동안 혈액 세포가 감소되어서 균에 대한 저항력이 약화되는 기간이었다. 집에서 날마다 체중과 체온을 재고 하루 운동량을 기록하며 변동 추이를 스스로 점검했는데, 그처럼 체중 변화와 체온 점검기록은 나중에 회차별 치료와 회복 과정에서 좋은 참고 자료가 되었다. 몸 상태는 항암제 투여 후 12일째부터

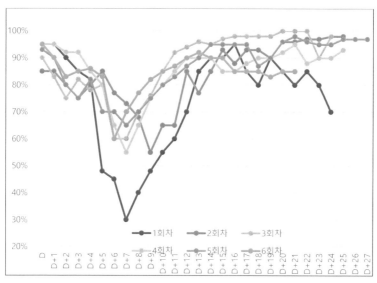

〈항암치료 회차별 컨디션 자가점검표〉

점차 정상 상태로 회복되는 것을 느꼈고, 이러한 현상은 그 후에 이어진 회차별 치료 과정에서도 그대로 반복되었다.

퇴원하여 집에 돌아온 후에는 다음 회차의 치료 날짜까지 면역력 유지에 신경 쓰며 체력을 회복해야 했다. 손 세정제로 손을 자주 씻고 샤워를 조심스럽게 하는 등 개인위생을 청결하게 하고, 피부에 상처가 나지 않고 멍이 들지 않도록 하며 전염성 질병에 걸리지 않도록 조심하며 지냈다. 그렇게 몸 컨디션이 회복되는 과정에서, 내가 그때까지 주요 사회생활로 진행하던 경영 컨설팅 진행 의뢰가 들어와서 낮에는 단기 기업평가 업무를 하고 저녁에는 온라인 교육관리 업무도 수행하게 되었는데, 사회생활에 지장이 없는 점을 확인하게 된 것이 기뻤고 치료 이전과 동일하게 생활할 수 있게 되어 마음도 안정되었다. 다만 머리카락이 빠져서 외출할 때 캡 모자를 쓰게 된 점이 마음에 걸렸지만, 만나는 사람들이 특별히 주목하지 않고 자연스럽게 보아준 것이 다행스러웠고 고맙기까지 했다. 나 자신도 그렇지만, 사람들은 자신 스스로의 모습에 많이 신경 쓰지만 다른 사람들은 정작 남의 모습에 큰 관심을 보이지 않는다는 것을 다시 깨닫게 되었다. 물론 아주 가까운 사람들은 내 조그만 변화도 알아보고 몸 상태에 관해 묻기도 했다.

입원해있는 기간 이외에는 주일마다의 교회 예배에 빠지지 않았는데, 실내에서도 모자와 마스크를 쓰고 다른 사람들을 피해서 맨 앞쪽 구석진 자리에 앉은 나에게 다가와서 인사를 청하는 분들이 반갑고 고맙기도 했다. 그러면서도 내 면역력 상태를 모르시는 분들이 악수를 청하는 것이 부담스러워서 장갑을 끼고 있었는데, 목사님께서 내 상태를 알리며 악수 없이 눈인사만 나누도록 광고해 주셔서 마음 부담을 덜 수 있었다.

다시 입원하기 전에 병원에 들러서 중간 점검을 받으면서 PET-CT(핵의학 양전자 반응 검사) 결과를 통보받았는데, 내 병기를 3기로 판정받았다. 나는 주로 하복부에서 발견되었지만 횡격막 위 목 주변에까지 발생하여 3기로 판정받은 것이다. 간 췌장 신장이나 척수 부분에서 발견되지 않은 점이 다행이었다. 병변 발생 부위가 시커멓게 나타난 CT 사진을 보며 몸 여러 군데에 퍼진 것을 확인했지만, 그저 덤덤한 마음이었다. 이미 치료를 진행하고 있는 과정이어서 그랬을 수도 있지만, 하나님이 치료해 주실 것이라는 믿음이 있어서였기 때문이었다.

6. 세 번째 항암치료

(9주 차~11주 차)

두 번째 항암치료를 마친 후 20여 일이 지난 후 다시 세 번째 치료를 위해서 입원하게 되었다. 첫 번째와 두 번째 과정과 마찬가지로 혈액검사와 소변검사와 심전도검사 및 X-ray 촬영을 했는데, 혈액 수치를 비롯하여 별 이상이 없는 것을 확인하고 항암치료 과정에 들어갔다.

오른쪽 쇄골 밑 중심정맥에 설치해놓은 케모포트를 통해 거의 20여 시간에 걸쳐 혈관에 항암제를 주입했으므로 통증을 느끼지도 않았고 메스꺼움이나 구토 증상도 없었다. 병상에 누워서 약병에서 항암제가 한 방울 한 방울씩 떨어지는 것을 평온한 마음으로 바라보며, 여러 가지 생각을 하게 되었다.

▶ 여러 가지 생각들

사람 보다 더 귀한 것이 있을까? 사람 자체보다 그 사람이 가지고 있는 것이 더 중요할까? 사람이 가지고 있는 인

격이나 지식이나 재물이 부족하다고 하여 무시하거나 미워해도 되나? 그런 생각들을 하면서, 결국 사람이 소유하고 있는 것보다도 사람 자체가 중요하다는 것을 깨달았다. 축구에서 수비할 때 공보다 사람 마크가 중요하듯, 가지고 있는 것보다도 나 자신과 다른 사람 자체에 집중하는 것이 필요하다고 생각했다. 지금까지의 여러 가지 일들과 사고들, 돈, 성공과 실패 등이 떠올랐다. 그러한 일들을 이유로 가까운 사람들에게 무관심했던 경우도 많았고 소중한 사람들을 깊은 애정으로 대하지 못했던 것들이 생각나기도 했다. 그러면 이제 내게 남은 기간 동안에 내가 가치를 두고 살아갈 것이 무엇인가를 다시 돌아보게 되었다. 이제 아버지로서의 역할을 못 하게 되면 어떻게 하지? 남편으로서의 역할 가장으로서의 역할 교회에서 리더로서의 역할을 더 이상 못 하게 되면 어쩌지? 하는 생각들이 머릿속을 복잡하게 만들었다. 그러면서 이제 남은 삶 동안, 나를 만드신 분 하나님… 그리고 아내와 자녀들 가까운 사람들… 그들에게 좀 더 집중하여 살아가는 것이 필요하다는 것을 깨달았다.

세 번째 항암치료도 종전과 같이 케모포트를 통해 약물을 투여하고 시간 맞추어 알약을 먹는 내용으로 진행되어 평안한 마음으로 이틀간을 지냈다. 약물을 투여하고 알약을 건

네줄 때마다 간호사가 내 이름을 묻고 생년월일을 확인했는데, 그것은 약이 잘못 전달되지 않도록 하기 위한 보호 방안이라고 생각되어 번거롭게 느껴지지 않았다. 다른 환자들과 함께 사용하는 병실이어서 의사 간호사들과 불필요한 개별적인 대화는 없었지만, 가끔 조그마한 목소리로 '무슨 일 하세요?'라는 질문을 받기도 했다. '교직에 있느냐 목사님이냐'라는 질문도 들었는데, 내 병상 침대에 놓여 있던 책들과 성경책을 보며 묻는 것인지 아니면 내 모습이 그렇게 보이는 것인지 궁금하기도 했지만 굳이 물어보지는 않았다. 치료 과정을 잘 버티고 있다는 칭찬도 들었는데, 한편으로는 그러한 쉬운 치료 과정을 버티는 것이 당연한 것 아닌가 하는 자신감까지도 들었다.

병실에서 며칠 지내다 보면, 내 인생만 팍팍한 것은 아니라는 것을 깨닫기도 한다. 여러 가지 병으로 옆 병상에 누워있는 나이 드신 환자분들의 가족을 통해, 그들이 아프기 전에는 얼마나 열심히 살아왔는지 얼마나 활발하게 활동했었는지에 관해 가끔 듣기도 한다. 그러신 분들이 이제는 거동을 못하고 다른 사람의 도움이 있어야 겨우 일어나 앉게 되는 모습을 보기도 하고, 음식을 스스로 떠먹지 못해서 간병하는 사람이 옆에서 도와주어야 하거나, 불분명한 음성으로 웅얼거리며 겨우 의사표시를 하는 모습을 보며, 당사자는 얼마나 답답하고 간병하는 가족은 얼마나 마음 아플까 하는 생각이 들었다. 나도 식욕부진으로 무엇을 먹고 싶은 생각이 없을 때가 있었는데 내 옆에서 억지로 먹이려는 사람이 없는 것이 다행이라는 생각이 들기도 했고, 독한 항암

〈병원 식사 밥 사진〉

제 약물과 알약들을 이겨내기 위해서라도 체력을 유지해야 하겠다는 생각으로 식사때마다 시간 걸리더라도 천천히 음식을 거의 다 먹었다. 내 손으로 밥을 떠먹고 내 발로 화장실 갈 수 있는 것이 얼마나 대단한 일인지를 병실에서 깨닫게 되었다.

그렇게 치료를 순탄하게 마치고 퇴원할 때, 다음 회차 치료 전까지 먹어야 하는 알약을 많이 받았다. 아침 점심 저녁식사 후 그리고 잠자기 전에 먹는 약을 종류별로 구분하여 먹는 것이 번거롭기도 하고 알약 개수가 많을 때는 삼키기 어렵기도 했지만, 이 알약들이 나를 살린다는 생각을 하며 감사하는 마음으로 처방 내용 대로 꼬박꼬박 전부 다 먹었다.

퇴원 후 재입원하기 전에 외래진료차 병원에 두 번 가서 혈액검사와 X-ray 촬영 등을 통해 진찰받고, 혈액 수치가 낮게 나오면 백혈구 촉진제를 맞기도 하였다. 이상 증세는 없는지 점검하기도 했는데, 체중이 발병 전보다 10% 정도 감소한 다음에 회복이 안되는 점을 호소했더니, 체중 감소는 항암치료 과정에서의 대표적인 증상이라며 되도록 단백질을 포함하여 음식을 골고루 많이 섭취하도록 노력하라고 들었다. 집 밖에서 식사하는 것을 거의 삼가고 있던 중, 병원에서 검사와 진찰을 마친 후에 병원 지하식당에서 먹는 설렁탕 한 그릇은 나 스스로에게 베풀어주는 일종의 칭찬과 격려의 음식이었다. 잘 버티고 있고 잘 해내고 있으니 조금 더 힘을 내자는 다짐이었고, 또 전에 먹었을 때의 먹는 양과 당기는 구미의 정도와 비교하며 내 상태를 스스로 가늠해보는 잣대가 되기도 했다.

다시 입원하기 위해 코로나 PCR 검사를 하여 양성 반응이 나왔지만, 코로나 치료 후 3개월 지나서까지도 코로나 바이러스가 재검출되는 경우가 있다는 설명으로 병원 입원이 가능하게 되었다.

7. 네 번째 항암치료와 격리병실 입원
(12주 차~15주 차)

입원하여 종전과 같이 혈액검사와 X-ray 촬영 및 심전도 검사를 했는데, X-ray 촬영을 자주 하게 되면 방사선에 많이 노출되어 부작용이 생기는 것이 아니냐고 묻자, 촬영하시는 분께서 '그렇다면 X-ray 촬영실에 근무하는 사람들이 제일 큰 문제를 겪을 것이 아니냐' 하시며 걱정하지 말라고 하여 조금 머쓱해졌다. 그리고 PET-CT 검사를 하게 되었는데 CT 촬영을 위해 관 같은 기다란 통에 누우니 조금 묘한 기분이 들었다. 그처럼 방사선 노출 걱정을 하고 또 묘한 기분을 느끼는 것은 내가 그만큼 예민해져 있다는 표시이기도 했다. CT 촬영을 위해 누워서 잠시 대기하는 동안에 병실 천정을 보며 다짐했다. 이제 분노하지 않기, 미워하지 않기, 집착하지 않기, 하늘나라에 들어갈 때 필요한 것 외에는 욕심내지 않기, 내가 틀릴 수도 있지, 틀림과 다름의 차이도 있지…

네 번째 항암치료도 종전과 같이, 어떤 약은 한 시간 걸려서 모두 주입하고 어떤 약은 세 시간 또 다른 어떤 약은 여덟 시간 걸려서 케모포트를 통해서 투여하고 때마다 알약을 먹는 것으로 진행되었다. 병실에서 생활하는 것에도 익숙해져서 약물 주머니를 높이 걸고 주삿바늘을 꽂은 채로 링거병 거치대를 끌고 병원 내 여기저기를 걷기도 했다. 복도를 왕복하기도 했고 옥상정원에 가서 풀꽃을 보며 거닐기도 했다.

그러던 중에 복도에 '고객의 소리'를 적는 카드가 비치되어 있는 것을 발견하고, 그동안의 입원생활에 관해 내 느낌을 제출해 보자는 생각이 들었다. 펜을 들고 생각해 보니 치료받는 과정마다 감사한 일이 많았다는 것을 깨닫고 특히 의사 교수님과 간호사들의 도움을 많이 받은 일들이 떠올라서 감사와 칭찬의 내용으로 썼던 것 같다. '이대목동병원의 깨끗하고 푸근한 환경에서 마음 편하게 입원생활을 했습니다. 담당 주치의 박영훈 교수님의 세밀한 진찰과 자세한 설명에 신뢰감을 가지고 치료받고 있습니다. 또 직접 케어해 주시는 간호사분들이 친절하게 돌보아 주어서 감사드립니다'라는 내용으로 작성하여 고객지원실에 전달하고 퇴원했다.

▶ 격리병실 긴급 입원

그런데 그렇게 약물 투입 치료 과정이 순탄하게 진행되어 퇴원한지 일주일 후에, 예상하지 못한 상태에 빠지게 되었다. 밤잠을 설치고 열까지 나고 멍하면서 붕 떠있는 듯한 느낌이 들 정도의 이상함을 느껴서, 아침 일찍 병원에 연락하여 긴급 진찰을 요청했고 채혈을 했는데, 혈액검사 결과를 본 담당 주치의 교수님이 빨리 응급실로 가라고 하는 것이 아닌가. 면역력 수치가 기준치 이하로 떨어진 상태라고 하면서 응급실에 연락해놓을 테니 빨리 가라는 지시를 받고, '이게 무슨 상황이지?'라고 의아해하면서 걸어서 응급실로 들어가니 바로 병상에 누우라고 했다. 그러고는 몇 가지 검사를 하더니 바로 1인 병실로 옮기는 것이었다. 그 1인 병실은 격리병실이었는데, 간호사가 병실에 들어올 때마다 우주복 같은 방호복을 입고 비닐장갑을 끼고 들어오는 모습을 보면서, 내 상태가 심각한 것임을 그제서야 알게 되었다. 백혈구 수치와 절대호중구 수치가 급격하게 떨어져 면역력이 약화된 상태이어서 격리치료를 받아야 하는 상태였던 것이다.

〈병원 저균식 사진〉

진찰만 받으려고 병원에 간 것이기 때문에 입원 준비가 전혀 안되어서 가족에게 연락하여 기본 생활물품을 전달받았는데, 그 생활물품마저도 간호사가 일일이 점검하고 소독하여 들여보내 주었다. 면역기능이 저하된 상태에서 음식으로 인한 감염 예방을 위해 저균식을 먹게 되었는데, 김치까지 포함한 모든 음식은 익힌 상태였고   익힌 음식이라도 공기 중에 오래 노출된 음식은 섭취하지 않도록 하며 생야채 생과일 조개류 등 균이 포함될 수 있는 식품이 제한되었다. 식욕이 떨어진 상태인데다가 모든 음식이 삶고 익힌 저균식이어서 맛이 없는 것은 당연했거니와, 물도 생수는 반입이 안되고 오직 끓인 보릿물뿐이었는데 그 보릿물도 병실에 들어온 지 1시간 이내의 물만 마실 수 있었고 시간이 지난 물은 바로 버렸다. 공중에 떠다니는 병균이 체내에 들어오지 못하게 차단하는 방역조치인 것으로 생각되었다. 핸드폰도 표면을 소독한 후에 반입되었고, 신고 들어갔던 구두는 비닐봉지에 넣어 꽁꽁 싸매어 두고 새로운 슬리퍼로 갈아 신었다

그렇게 1인 병실에 격리되어 혼자 지내면서, 내 병의 원인이 무엇인가에 관해 깊이 생각하게 되었다. 왜 이 병이 내게로 왔을까? 내 죄 때문인가? 그렇다면 암에 걸린 사람은 죄가 많은 사람이고 암에 안 걸린 사람은 죄가 없는 사람인가? 그렇게 여러 가지 생각을 하다가 모든 불행이 죄 때문은 아니라는 생각을 하게 되었다. 성경에 기록된 여러 내용이 떠올랐다. 사도 바울이 죄수의 입장으로 로마까지

배로 압송될 때 이번 여행이 힘은 들겠지만 모두의 생명에는 지장이 없을 것이라고 예언했던 구절. 이후 풍랑으로 고생하다가 파선하여 겨우 어느 섬에 상륙하여 불 쬐다가 독사에게 물리자 그 모습을 본 현지민들은 이 사람이 진짜 죄인인가 보다 하고 생각했지만, 독사를 떨어내버리고 멀쩡한 바울을 본 현지민들이 이제는 바울을 신으로 생각했던 내용. 나사로가 병들었다는 소식을 듣고도 이틀을 더 머물다가 나사로의 죽음 소식을 들은 예수님이 '이 병은 죽을 병이 아니라 하나님의 영광을 위함이라' 하시면서 죽은 나사로를 살리셨던 내용. 태어날 때부터 소경인 사람이 누구의 죄 때문인가의 질문에 '그 사람의 죄 때문도 아니고 그 부모의 죄도 아니라 하나님이 하시고자 함을 나타내시고자 함이라' 하시면서 그 소경 된 사람을 고치셨던 예수님… 그렇다면 하나님께서 나를 통해 하시고자 하는 것이 무엇이고 내 병을 통해서 나타내시고자 하는 것이 무엇인가?

그렇게 4일 동안 좁은 격리병실에서 매일 혈액검사를 하며 백혈구 촉진제를 맞고 지내다가 드디어 면역력 수치가 회복되어 일반 병실로 옮기게 되었다. 격리에서 해제되었다는 안도감이 들었고, 저균식이 아닌 일반식 식사를 하게 된 점이 기뻤다. 종전에 일반 병실에 입원했을 때 친절하게 대해주었던 간호사들이 반갑게 맞아주었는데, 혈압을 재느라 가까이 있을 때 조그만 목소리로 '격리 기간 동안 잘 견디셨네요. 우리는 선생님편이에요' 라며 힘을 불어넣어 주기도 했다. 이제 내가 선생님이 되었구나…

하루 지나서 퇴원하기 전에 병원 영양사로부터 퇴원 후 집에서의 식단에 관해 안내를 받았다. 하루 세끼 식사와 두세 번의 간식을 통해 영양을 충분하게 섭취하는데, 특히 단백질을 많이 보충하는 것이 중요하다고 강조했다. 단백질은 살코기 생선 두부 계란 등을 통해 섭취하는데, 고기는 수육 백숙 샤부샤부 상태로는 좋지만 대신 비계나 껍질 숯불구이 직화구이 석쇠구이 훈제구이 등은 피하고, 생선회 생굴 젓갈 게장류 등 날 것 상태의 생선은 금지되었다. 채소도 충분하게 섭취하되 날 것 상태보다는 나물이나 구이 볶음 형태로 조리하여 먹고, 우유 과일 식빵 등의 간식도 가능하되, 충분히 씻고 조리기구도 청결하게 하며 유통기한을 확인하는 등의 위생관리를 철저히 하도록 안내받았다. 그 안내 내용은 그 이후 한참이 지나서까지도 활용한 암 치료 식단으로서 유용했다.

그리고 간호사로부터는 면역력 유지와 외부 감염 방지를

위해서, 집안 청소를 자주 하여 먼지 조심과 흙에 있는 병원균을 조심하기 위해 흙길은 피하고 식물과 화분을 만지지 말고 반려동물도 가까이하지 않도록 조심하라는 안내를 받았다. 곰팡이균에 노출되지 않도록 공사장에 가까이 가지 말고 사람들이 많이 모이는 공간에 가지 말 것과 되도록 다른 사람들과의 접촉을 피하고 악수하지 않도록 하는 것도 안내받았다. 그리고 약물이 몸에서 빨리 배출되도록 물을 많이 자주 마시라는 설명도 있었다.

병원에 외래 진찰받으러 갔다가 예정에도 없는 입원치료를 5일간 받고 퇴원 후에는 전보다 더욱 조심하면서 일상적인 생활을 했다. 잠깐씩 피곤함을 느끼기는 했지만, 중간중간 혈액검사를 한 결과 백혈구 등의 면역력 수치는 정상적이었고 집 옆에 있는 공원을 많이 걷는 운동을 하며 체력을 유지했다. 그리고 또다시 갑자기 병원 응급실로 가야 하는 경우에 대비하여 입원생활에 필요한 물건들을 캐리어에 담아 두었다. 세면도구를 비롯하여 수건 속옷 티슈 마스크 물통 슬리퍼 핸드폰 충전기 이어폰과 책 한 권에 이르기까지 캐리어에 넣어 놓고 몸에 이상 징후가 나타나면 10분 내에 병원 응급실에 도착할 수 있도록 준비해 두었는데, 그 비상용 캐리어는 지금도 방 한 쪽에 자리 잡고 있다.

암 환자 식사 요법

현재 체중 52.6kg (표준 체중 53.3kg)

현재의 영양상태 유지를 위해 하루 3끼 식사와 2~3회의 간식 섭취 권장

항암 치료 시 섭취해야 하는 열량 (1일 1,600kcal) 단백질 (1일 80g)

분류	하는 일	식품 종류 및 적정 섭취량	주의할 점
곡류	탄수화물 공급 (체력과 체중 유지)	매끼 2/3공기 ~ 1공기 (식사량 부족 시, 식빵 감자 등)	전곡과 잡곡을 충분히 활용
어육류	단백질 공급 (면역기능 유지, 근육 손실 최소화)	매끼 2접시 이상 살코기 1접시(40g), 생선 1토막(50g), 새우 3마리(50g), 두부 2조각(80g), 계란 1개(55g)	비계 및 껍질 제거 타지 않게 조리 수육, 백숙, 샤부샤부 ○ (숯불, 직화, 석쇠, 훈제 x) (육류, 해산물 날 것 x)
채소류	비타민, 무기질 공급	매끼 2~3접시 이상 나물, 샐러드, 채소국, 김치 등	
지방류	지방 공급 (체력 및 체중 유지)	넉넉하게 나물, 구이, 볶음 등에 식용유, 들기름, 참기름, 버터 등 활용	
우유류	칼슘, 단백질 공급	하루 1~2회 간식으로 섭취	
과일류	비타민, 무기질 공급	하루 1~2회 간식으로 섭취	

식욕부진에 대처 : 식사시간에 얽매이지 않고, 먹고 싶을 때 먹을 수 있을 때 섭취

입맛 변화에 대처 : 맛있어 보이고 냄새 좋은 식품, 향 좋게, 신맛으로 식욕 자극

메스꺼움에 대처 : 소량씩 천천히 섭취, 식힌 음식, 미음 등으로 대체

체중 감소에 대처 : 열량 높은 음식 소량씩 자주 섭취, 단백질 많은 음식 섭취

면역저하에 대처 : 유통기한 확인, 조리도구 청결, 식기 청결, 익히고 끓여서 섭취

〈암 환자 식사 요법〉

8. 다섯 번째 항암치료

(16주 차~19주 차)

3주 단위로 치료받기로 되어 있던 일정이었지만, 중간에 갑작스러운 면역력 저하로 인해 한 달 정도 지나서야 다섯 번째 항암치료를 받기 위해 다시 입원했다. 나와 함께 비슷한 시기에 동일한 병으로 치료를 시작했던 환자분은 벌써 여섯 번째 치료를 진행하고 있었는데, 그것은 내 치료 과정에서 이런저런 사고가 있어서 전체 일정이 조금씩 지연되었기 때문에 발생된 차이였다. 입원과 퇴원을 반복하다 보니 병원생활에 필요한 물건을 빠뜨림 없이 챙기게 되었고, 입원 전에 거치는 코로나 검사와 혈액검사도 익숙하게 받아들이게 되었다.

병원 내 생활에 익숙해지면서 한편으로는 견딜 만하면서 슬슬 다른 생각도 생기기 시작했다. 사람보다 더 귀한 것이 생각나기도 하고, 감사하기 보다 짜증이 나는 경우가 늘어나기도 했다. 같은 병실에서 치료받고 있는 환자들의 모습을 보며 여러 가지 생각이 들었다. 목에 가래가 차서 숨을 편하게 쉬지 못하고 가래 끓는 소리를 내는 환자, 음식물을 삼키지 못하여 죽 조금과 물만 겨우 넘기는 환자, 대변 소변을 제대로 보지 못해서 그때마다 간병인의 도움이 필요한 환자, 그러한 환자분들이 불쌍하다는 생각이 들어 그분들을 마음 편하게 대해주겠다는 다짐을 하기도 했다. 밥을 내 손으로 제대로 먹고 잘 소화하는 것이 감사할 일이고, 숨을 제대로 쉬고 내 발로 걸어서 화장실에 가는 일상생활이 얼마나 감사한 일인가를 새삼 깨닫기도 했다. 그런데 그러다가도 밤에 그렁거리는 가래소리가 귀에 거슬리기도 하고, 낮은 볼륨으로 틀어놓고 듣는 음악소리에 신경 쓰이기도 하며, 옆 병상에서 대변 받아내는 소리에 기분 상하는 것을 어찌해야 할까?

병실에서 생활하던 개인 물품과 일주일분 알약 및 단백질 보충제를 캐리어에 가득 담아서 택시를 타고 집으로 돌아오는데, 택시 기사분이 '왜 보호자 없이 혼자 퇴원하느냐'고 안쓰러운 듯 말을 걸어왔다. 내 발로 퇴원할 정도의 상태이어서 혼자 퇴원한다고 대답했는데, 다른 사람의 눈에 비추어진 내 모습이 병색 완연한 상태인가 보다 하고 생각되었다.

종전과 마찬가지로 항암제 약물 투여와 알약을 먹는 것으로 다섯 번째의 항암치료를 마치고 퇴원했는데, 그렇게 항암치료가 반복될수록 기력이 떨어지는 것을 스스로 느낄 수 있었다. 걷기 운동만 해도 피곤해졌고 지하철 계단을 한꺼번에 걸어 오르지 못하고 중간에 한두 번 쉬어야 했으며 장시간 외출을 하고 집에 돌아와서는 바로 침대에 누워 한참을 보내야 했다. 퇴원 후 일주일째 되는 날에 병원에 가서 혈액검사를 한 결과, 백혈구와 절대호중구 수치가 저하되어 있어서 정상수치에 도달할 때까지 4일간 연속해서 병원에 가서 백혈구 촉진제 주사를 맞았다. 그야말로 억지로 면역력을 끌어올리는 상태였는데, 치료 회차를 반복하다 보니 항암제 치료에 따른 내 몸 상태의 변화 사이클을 알게 되었다. 항암치료제를 혈관에 투여하기 시작한 날로부터 7~9일째 날이 가장 힘들고 식사마저 제대로 할 수 없을 정도로 기력이 없다가 이후 조금씩 회복되어 정상으로 돌아온 후에, 20여 일 만에 다시 항암제를 투여하는 과정의 반복이었다.

▶ 집안 내 격리

항암치료 회차를 반복하면서 치료와 회복 과정에 익숙해

진 무렵에 집안에 긴장되는 사항이 발생했다. 집에서 함께 생활하던 아들이 코로나에 감염된 것이었다. 그 당시 코로나 감염자가 너무 많아서 아들이 별도의 격리시설이 아닌 집에서 격리생활하는 상황이었고, 일주일간 직장에 나가지 못하고 외출도 못하게 되어 집에만 머물게 되었는데, 문제는 면역력이 약해져 있는 나에게 감염 우려가 있는 점이었다. 되도록 각자의 방에서 나오지 않고 거실 창문을 열어놓아 환기시키며 밥도 시간차를 두어 따로따로 먹고 식기는 끓는 물에 소독까지 하며 조심하고 긴장한 가운데 두 주간을 지냈다. 다른 집의 경우 가족 중에서 한 명이 감염되면 아무리 조심해도 며칠 내에 다른 가족에게 전염되는 경우가 많다고 들었는데, 나는 되도록 집 밖으로 나가서 사람들 없는 곳에 머물거나 집에 있는 동안에도 마스크를 쓰고 지냈고, 그리고 몇 달 전에 내가 이미 코로나에 걸려서 내 몸속에 항체가 형성되었기 때문에 코로나에 다시 감염되지 않은 것이 아닌가 하고 생각되었다.

집에서 약을 먹으며 치료받는 중간중간에 몸 상태가 괜찮은 날에는 종전부터 해오고 있었던 경영 컨설팅과 창업 멘토링을 진행하기도 했다. 게다가 가끔은 아내와 짧은 말다툼까지 하기도 했는데, 그 순간을 지나고 보니 그렇게 말다

툼을 한다는 것은 내 기력이나 마음이 약한 상태에서 벗어나 평상시의 상태로 회복된 때였다는 생각이 들기도 했다. 그리고 어떻게든 체력을 유지하기 위해서 집 근처 공원을 몇 바퀴 돌며 하루에 만보 이상씩 걷기도 했고, 입맛이 없더라도 음식과 간식을 규칙적으로 많이 먹으려고 했고 특히 단백질을 많이 섭취하려고 의도적으로도 노력했다. 그 과정에서 가족 친척들과 이웃집 사람들과 교회분들이 많이 도와주시고 음식을 직접 준비해 주기도 하여 마음 찡하기도 하고 감사하며 마음 푸근하기도 했다.

9. 여섯 번째 항암치료 후 실신, 관해 판정 (20주 차~23주 차)

발병 진단을 받은 후 다섯 달 가까운 기간이 경과하여 마지막 여섯 번째 항암치료를 맞게 되었다. 항암치료를 시작할 때 치료를 여섯 번 한다고 들었기 때문에 드디어 마지막 치료 과정이라고 생각하며 가벼운 마음으로 입원하여 종전과 같이 항암제 약물 투여를 진행했다. 링거 및 항암주사제 주입으로 체중이 일시적으로 증가한 것을 제외하고는 특별히 문제 되거나 어려운 점 없는 입원생활이었다.

다인실 병실에서는 신경 써야 하는 할 일이 내 몸 상태뿐만 아니라 또 다른 것이 있다. 같은 병실 내 커튼으로 가려진 옆 병상의 상황에 예민해질 때가 있다. 잠잘 때 코 고는 소리는 참을 수 있는데, 길게 이어지는 가래 끓는 소리와 때로는 간병하는 분과 낮은 소리로 하는 부부 싸움 소리 그리고 때로는 아들딸 자랑 그리고 몇 번씩이나 내용을 반복하는 긴 전화 통화 등 병실을 안방처럼 여기는 분들의 말소리에 신경 쓰이는 경우가 있기도 했다. 식사가 조금 늦게

도착했다고 화내시는 경우도 있었고 젊은 간호사에게 반말하듯 하는 경우를 보며, 좀 아프니까 또는 좀 더 나이 들었으니까 다소 무례하게 행동해도 되고 다소 큰 목소리로 시끄럽게 해도 당연하게 생각하는 것은 아닌지 생각되어 마음 무거워질 때가 있었다. 그럴 때에는 귀에 이어폰을 끼고 참거나 병실 밖으로 나가서 그 상황을 벗어나기도 했다. 그러면서 나 스스로를 돌아보고 다짐하는 계기가 되었다. 몸은 아프더라도 마음까지 아픈 사람은 되지 말자 몸은 늙더라도 마음까지 늙지는 말자 늙은이가 되지 말고 어른이 되자 어른답게 나이 들자 등등의 다짐.

▶ 실신, 응급실, 격리병실

그런데 그렇게 여섯 번째의 항암치료를 마치고 정상적으로 퇴원한지 5일째 되는 날에 나에게 큰 사고가 발생했다. 다른 때와 달리 피곤함을 심하게 느끼고 체온도 높은 등 이상 징후를 느껴서, 외래 진찰을 받으러 병원에 가서 혈액검사를 위해 채혈을 했는데 그 후에 실신하여 바닥에 쓰러진 것이다. 채혈을 마치고 채혈실 앞 의자에 앉아 5분간 지혈을 하는 동안에, 갑자기 주위에 있는 사람들이 모두 노란

옷을 입고 있는 것으로 보이고 천정 높이 노란 하늘과 노란 별들이 보이는 순간 의식을 잃고 바닥으로 고꾸라진 것이었다. 그리고 삼십여 분 정도의 시간이 지난 후에 다시 눈떴을 때는 내가 응급실 병상에 누워있었다. 작은 플래시의 불빛을 비추며 내 눈동자의 움직임을 살피고 있던 응급실 의사의 모습이 이상스럽기도 하고 반갑기도 해서 살짝 웃었는데, 옆에 있던 간호사가 나의 웃음을 보고 더 반가워해 했던 것을 기억한다. 보호자의 이름과 전화번호가 어떻게 되느냐는 간호사의 질문에 '그런 사항은 병원 컴퓨터에 다 입력되어 있지 않느냐'고 내가 대답하자, 그제야 응급실 의사가 안도하는 표정을 지은 것도 기억한다. 나중에 들으니, 내가 채혈실 앞 복도 의자에 앉아 있다가 그대로 앞으로 고꾸라지면서 쿵 하는 소리가 크게 나도록 머리를 대리석 바닥에 찧으며 나뒹굴었다는 것이었다. 그다음에는 긴급구조반 호출 방송이 병원 내에 울려 퍼졌고, 즉시 응급실로 옮겨졌다는 얘기를 나중에 전해 들었다 당일의 혈액검사 결과를 보니 백혈구 수치는 정상수치의 십 분의 일 수준이었고 특히 절대호중구 수치는 거의 제로에 가까울 정도로 면역력이 극히 저하된 상태였었다. 그러고 보니, 그런 사고가 발생하기 이틀 전에 지하철을 타고 이동하던 중에 '할아버지, 여기

〈병원 응급실 입구 사진〉

앉으세요'라는 소리를 들으며 좌석을 양보 받았던 기억이
났다. 아마 할아버지라는 호칭을 들을 만큼 내 안색과 상태
가 안 좋게 보였었나 보다. 병원에서 실신했으니 다행이었
지 만일 길거리에서나 이동 중에 쓰러졌으면 어떻게 진행되
었을까 생각하니 저간의 상황이 그나마 다행이었다는 생각
이 들었다.

대리석 바닥에 부딪힌 머리에 이상이 있는지를 검사하기
위해 두부 X-ray 촬영을 하고 심전도 검사도 하고 주치의

교수님이 응급실로 찾아와 진찰을 한 결과 큰 문제는 없는 것으로 판단되어 격리병실로 옮겨졌다. 쿵 소리가 크게 날 정도로 의식 잃고 고꾸라진 상황에서도 뇌출혈 등의 이상이 없었던 것이 다행이었고 감사할 일이었다. 면역력 수치가 제로에 가깝게 낮은 상태였으므로, 한 달여 전에 응급실을 거쳐 격리병실에 입원했던 길을 따라 다시 격리병실에 입원하게 되었는데, 이번에도 가족들에게 연락하여 입원 물품을 전달받아서 병실생활을 다시 시작했다. 면역력이 극히 낮아진 상태에서 병원균 감염을 우려하여 매일 항생제를 투여받았고 면역력 회복을 위해 백혈구 촉진제도 매일 투약 받았으며 열이 많이 났으므로 해열제까지 맞는 등의 처치를 받았는데, 지나고 보니 그때가 가장 위험한 순간이었다는 것을 나중에서야 깨달았다.

의사와 간호사들이 격리병실에 들어올 때는 우주복처럼 보이는 방호복을 입고 장갑을 끼고 들어와서 필요한 조치만 하고 나가곤 했고 그 외 다른 사람은 일절 출입 금지여서, 나는 혼자서 성경 읽고 묵상하는 기도원 생활을 하게 되었다. 한편으로는 교도소 생활이기도 했는데, 병실 안에 설치되어 있는 TV는 거의 보지 않았고 여러 권의 책을 보내달라고 하여 책 읽기와 PT 체조에 집중하며 시간을 보냈다.

절대호중구 수치가 아예 측정불가 수준인 제로 상태까지 떨어진 날이 이틀간 이어지기도 했고 저혈압 증상도 함께 나타나서 우려스럽기도 했으며 백혈구 수치도 회복되지 않은 날들의 연속이었다. 게다가 헤모글로빈 수치는 오르내리기를 반복했는데 다만 혈소판 수치는 날마다 꾸준히 개선되고 있었다. 그렇게 격리병실에서 일주일을 보낸 후에야 백혈구와 절대호중구 수치가 정상으로 올라섰고, 그러고도 이틀이 지나서 다른 면역력 수치들도 개선되어 입원한지 9일 만에 격리병실에서 나와 퇴원할 수 있게 되었다.

참으로 위험했던 순간을 보내고 나서 퇴원할 때 감사한 마음과 함께 중요하게 다짐한 것은, '앞으로 마음 편하게 갖고 살자'는 것이었다. 어떤 일에 분을 품지 않고 다른 사람을 미워하지 않으며 다투지 않으며 살겠다는 생각을 했다. 다른 사람이 내 생각과 다른 말을 하더라도 내 의견을 주장하지 않고 '네 말도 옳을 수 있겠다'하며 받아들이고, 나에게 해를 끼치더라도 '이유가 있겠지'하고 생각하며 미워하지 않으며, 그저 '허허'하고 받아들이며 살겠다는 마음이었다. 그러면서 되도록 베풀며 살고, 하나님의 관점에서 나를 바라보며 해야 할 것을 하고 하지 말아야 할 것을 하지 않으며 살아가겠다고 다짐했는데, 시간이 어느 정도 지난 시점에서 돌이켜보니 어떤 것은 당시의 생각대로 이루어지고 있었지만 어떤 다짐은 잠시 유지되다가 그 이전의 모습으로 되돌아가 있는 상태인 것을 발견하기도 했다. 특히 다른 사람들을 너그럽게 이해하며 용인해야 하겠다고 다짐했지만, 지나고 보니 아내와 가끔 말다툼하기도 하고 아이들의 행동과 말이 마음에 들지 않기도 하며 다른 사람들을 내 기준대로 평가하기도 하는 모습으로 되돌아가 있는 모습을 발견하고서, 가까운 분께 내 모습의 변화를 고백하며 상담을 청했더니 그러한 내 모습이 일반적인 사람의 모습이라며 '이제 정상적으로 다 회복되었구먼' 하시며 웃으셨다. 그래도 다른 사람들을 더욱 관대하게 대하며 인정해 주어야 하겠다는 다짐을 다시 해보았다.

▶ 관해(寬解) 판정

퇴원 후 일주일 후에 다시 병원에 가서 PET-CT 검사와 X-ray 촬영과 CT 검사 및 혈액검사를 하고 외래 진찰을 한 결과, 항암치료가 예정대로 잘 진행되었고 혈액 수치를 비롯한 몸 상태가 모두 정상으로 돌아와서 이상 없는 상태인 '관해(寬解)' 판정을 받았다. 관해라는 의학용어가 생소하여 나중에 사전을 찾아보니, 증상이 일시적으로 호전되거나 거의 소멸된 상태를 말하는데, 예후가 현저하게 불량한 질병에서 완치까지는 불가능하더라도 당면한 사회생활에는 지장이 없는 상태로 병세가 정지되었거나 회복된 상태를 의미한다는 것이었다. 그 관해 판정 이후에는 항암화학요법이 얼마나 치료에 효과가 있는지 여부를 일정한 일정 간격으로 평가하는데, 평가는 신체검진과 혈액검사, X-ray 촬영, CT, MRI, PET-CT 검사 등을 통해 이루어진다는 설명을 들었다.

　여섯 번의 항암치료를 마친 후에는 항암제 약물 주입을 하지 않고 항암제 알약도 먹지 않아서 퇴원 후에 기력이 일시적으로 저하되는 현상은 나타나지 않았다. 걷기 운동을 꾸준하게 하고 음식도 정상적으로 섭취하니 몸무게도 늘어서 발병 전 수준으로 회복하게 되었고, 열도 나지 않았고 몸 상태가 전반적으로 좋아진 것을 스스로 느끼게 되었다.

10. 조혈모세포 이식 준비와 채집
(24주 차~28주 차)

　아무튼 항암치료가 예정대로 잘 진행되었고 몸 상태가 종전 상태로 회복되었다는 관해 판정을 받기는 했는데, 재발 방지를 위해서 조혈모세포 이식을 해야 한다는 진단을 들었다.

　▶ 조혈모세포

　조혈모세포는 우리 몸에 필요한 혈액세포를 만들어내는 세포인데, 조혈모세포가 분화하고 성장하여 성숙한 백혈구 적혈구 혈소판 등을 만들어 낸다고 했다. 내 경우에는 림프종이 횡격막 위아래로 넓게 퍼져 있었던 3기이기 때문에 정상적인 조혈모세포를 통해서 새로운 혈구를 공급하여 적혈구 백혈구 혈소판의 수를 일정하게 유지하는 것이 필요하다는 설명이었다. 그 조혈모세포는 대부분 골수 내에 있는데, 자가 조혈모세포 이식의 경우에는 내 말초 혈액에서 내 자신의 조혈모세포를 채취하여 냉동 보관해 놓았다가 혈관을 통해 다시 내 몸속에 주입하여 골수기능을 회복시키는 방법이라고 했다. 몸속에 남아 있는 비정상적인 세포를 완전히 제거하고 새로운 조혈모세포를 통해서 새로운 혈액을 체내에서 스스로 만들어내기 위한 목적이라는 것은 이해했는데, 다만 그전에 고용량의 항암제를 마지막으로 한 번 더 투입해야 한다는 것과 회복 과정이 생각했던 기간보다 길어지는 것이 마음에 걸렸다. 하지만 지금까지 인도해 주셨던 나의 하나님의 손길을 믿고, 또한 다섯 달 이상 동안 함께 치료해 주셨던 주치의 교수님의 손길을 신뢰하며 자가 조혈모세포 이식을 하기로 결정했다.

▶ 조혈모세포 채집 과정

조혈모세포 채집을 위해서는 필요한 검사를 통해 이식 가능 여부와 채집 일정을 정한 후, 말초 혈액에서 충분한 양의 조혈모세포를 채집할 수 있도록 조혈 성장촉진제를 투여하는 가동화 과정을 거친다는 설명을 들었다. 준비하는 기간 중에 2~3일마다 병원에 들러서 여러 가지 검사를 했는데 혈액검사와 소변검사를 통해 혈액세포 수치 점검과 간기능 및 바이러스 감염 여부를 확인했고, 심전도와 심장초음파 검사와 함께 X-ray와 CT 촬영 및 PET-CT 검사를 진행했고 위와 장 내시경 검사도 진행했는데, 장 내시경 검사를 하던 간호사로부터 내 엉덩이 살이 너무 빠져서 홀쭉해져 있다는 말을 듣고 항암치료가 다 받은 후에 엉덩이 살과 허벅지 살을 찌워야 하겠다는 다짐을 했다.

몸 상태에 이상이 없고 컨디션도 좋은 상태를 유지하게 되어 드디어 조혈모세포 채집 일정이 결정되었고, 입원 3일 전부터 매일 조혈 성장촉진제 주사를 통해 면역력을 더욱 높이고 혈액 관련 수치를 끌어올려서 조혈모세포 채집이 잘 이루어지도록 준비했다. 자가 조혈모세포 이식은 나 자신의 조혈모세포를 채집하여 냉동 보관했다가 적절한 시기에 내 몸에 다시 이식하는 방법으로서, 고용량의 항암치료 및 전신 방사선 치료로 몸 안에 남아있는 종양세포를 제거하고, 그 후에 미리 채집해놓은 조혈모세포를 다시 내 몸속에 주입하여 골수기능을 회복시키는 치료법이라는 설명을 들었다.

정해진 날짜에 예정대로 입원하여 다시 X-ray 검사와 혈관 조영 시술을 한 후 조혈모세포 채집관을 삽입했고 가동화 절차를 진행했는데, 아프거나 특별한 이상 없이 그 과정이 완료되었다.

혈액검사를 통해 적정하다고 판단 받은 날, 드디어 채집실로 옮겨져 조혈모세포 채집을 하게 되었다. 한쪽 혈관에서 혈액을 뽑아 자동성분 혈액채집기를 통해 조혈모세포를 걸러서 수혈 백에 모으고 나머지 혈액성분을 다른 쪽 혈관으로 다시 되돌려 넣는 과정이었는데, 충분한 만큼의 조혈모세포를 채집하기 위해서 이틀간 진행되었다. 독실 병상에 가만히 누워있기만 했고 식사는 채집실로 날라다 준 음식을 병상에 앉아서 했고, 소변도 병상에서 소변통을 통해 해소

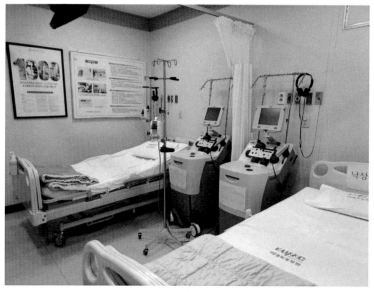

〈조혈모세포 채집실 내부 사진〉

했다. 5시간 정도 걸린 첫날의 채집이 끝난 후에는 일반 병실로 돌아와 정상적으로 활동하다가 둘째 날에 다시 가서 4시간 정도 걸려서 채집했는데, 채집이 끝나서 수혈 백에 모여져 있는 조혈모세포는 일반 혈액과 다르지 않게 보였고 냉동상태로 장시간 보관도 가능하다는 설명을 들었다.

채집 과정 중에 담당 선생님이 중간중간에 진행 내용을 설명해 주었고 내 사소한 질문에도 자세하게 설명해 주었으며, 식사나 소변 등에도 적절하게 도와주셔서 아무런 불편 없이 이틀간의 조혈모세포 채집을 마치게 되어서, 채집실 선생님의 친절함에 감사 인사를 드리고 일반 병실로 돌아왔다. 그리고 채집 후의 경과를 점검하며 하루 지나서 퇴원했고, 이식 날짜는 퇴원 후 열흘째 되는 날로 결정되었다. 퇴원 후 명절이 있어서 집에서 가족들과 명절을 보내도록 해 준 배려였다.

다만 무균실이라고도 하는 조혈모세포 이식실에서의 생활에 필요한 기본 생활물품을 준비해오도록 사전에 무균실 담당 간호사로부터 자세하고 친절하면서도 단호하게 안내받았다. 속옷과 양말은 깨끗이 삶아서 1장씩 개별 포장하고, 치약과 로션은 펌핑 용기의 새 제품으로 준비하며, 잇몸 출혈을 방지하기 위해서 칫솔은 치과용 부드러운 새것으로 하고, 슬리퍼도 병실용과 화장실용 각각 새것으로 하며, 손톱깎이와 전기면도기 등도 새것이나 깨끗한 것만 준비하라는 내용이었다. 책은 새 책만 허용되고, 노트북과 핸드폰 등은 표면 소독하여 반입되며, 특히 마지막 항암치료 과정에서 빠지는 머리카락을 정리하기 위한 롤 테이프 클리너를 지참하도록 안내받았는데, 그 롤 테이프 클리너는 실제 무균실에서의 생활에 큰 역할을 하는 물품이 되었다. 항암제 주입으로 조혈 기능이 억제되어 병원균이 몸 안에 들어왔을 때 방어능력이 떨어져 쉽게 감염되는 것을 방지하기 위한 조치라고 이해했지만, 막상 물품들을 준비하는 과정에서부터 겁이 나기도 했다

11. 조혈모세포 이식실 입실

(29주 차)

명절 기간을 포함한 며칠간의 쉼과 준비를 거쳐, 드디어 마지막 치료 과정이라고도 할 수 있는 조혈모세포 이식 절차를 위해 입원했다. 이미 채집해서 보관해 놓은 내 조혈모세포를 다시 내 몸속에 주입하는 절차이기 때문에, 마치 토끼가 간을 빼놓았다가 다시 찾으러 간다는 동화 내용과 비슷하다는 생각이 들기는 했지만, 다른 때보다 긴장되었다.

입원한 후 이틀간에 걸쳐 내 몸 상태가 이식에 적합한 상태인지를 판단하기 위한 검사에 들어갔다. 혈액검사와 소변 대변 검사는 기본이었고, X-ray와 심전도검사 심장초음파검사 폐기능검사 골밀도검사 체지방분석 등 종전에 하지 않았던 사항까지 검사하여 점검했고, 게다가 정신건강검사까지 종합적으로 진행되었다.

치과치료까지 받아서 내 몸과 마음에 특이사항이 없다고 판정된 후에, 주치의 박영훈 교수님으로부터 조혈모세포 이식의 내용과 절차에 관해 다시 자세하게 설명을 들었다. 이

식 전에 전 처치 과정으로서 종전의 항암치료 때보다 2~3
배 강력한 고용량 항암제 치료를 통해 몸속에 남아있는 암
세포를 제거한 후에 내 몸에 조혈모세포를 주입하여 새로운
조혈모세포가 골수조직에 자리 잡게 하는 과정이고, 이식
후 일시적으로 혈구가 감소되어 무기력증과 발열 구토 설사
등의 증상이 나타나기도 하고 출혈과 낙상 위험도 증가하며,
그 과정에서 여러 가지 증상에 대하여 적절한 처방과 약물
치료를 진행한다는 내용이었다. 그러면서 이식 과정에서 잘
못될 확률도 있다고 미리 알려주셨는데, 당시 코로나 바이
러스 감염으로 인한 치사율보다 상대적으로 낮았고 이상 없
이 회복될 수 있을 것이라는 믿음과 또한 그러한 점을 솔직
하게 알려주는 교수님에 대한 신뢰감도 있어서, 이식 동의
서에 사인을 하고 진행하기로 했다.

　그런데, 다음날 오후에 이식실로 들어가기 전에 일반 병
실에서 투여받은 항암 예방제가 내 몸속에 이상을 일으키는
현상이 발생했다. 강력한 항암제를 주입하기 전에 구토와
경련을 예방하는 약물과 항생제 항진균제 등을 투여받는 중
에 하늘이 빙빙 도는 것처럼 갑자기 정신이 혼미해지는 것
이었다. 마치 몇 달 전에 채혈 과정에서 쓰러지기 직전의
느낌과 비슷하고 소리조차 내지 못하고 응급호출 벨마저도

스스로 누를 수 없을 정도여서, 간신히 옆 병상 간병인에게 도움을 요청하여 간호사 응급호출을 하게 되었다. 급히 달려온 간호사의 도움을 받아 정신을 차리게 되었고, 주입하고 있던 항암 예방제를 중단한 조금 후에 정상 상태로 돌아오게 되었지만, 이식실로의 입실을 앞두고 좋지 않은 이상 징후가 발생하여 마음이 불안해졌다.

▶ 조혈모세포 이식실

진정된 후에 기도하며 휠체어를 타고 이식실에 입실하게 되었다. 입구에서 새 슬리퍼로 갈아 신으면서 내 발로 걸어서 나올 수 있을까 하는 생각이 들었다. 차단문을 거쳐 들어가면 병실 입구에 손을 씻고 또 소독된 개인 물품을 보관하는 별도의 공간이 있었는데, 간호사가 병실에 출입할 때 가운을 착용하는 공간이고 의사가 회진 시 유리 너머로 인터폰을 통해 병실 내 환자와 통화하는 곳이라고 했다. 병실 내에는 1인용 병상과 별도 화장실 및 물품보관 책장 한 개와 TV만 있는 간단한 구조였는데, 환자의 상태에 따라 간호사가 빠르게 응대하고 처치가 가능하도록 병실 문은 투명 유리창이고 병실 안에 CCTV가 설치되어 있었다. 간호사

긴급 호출 벨이 설치되어 있었고, 옷을 갈아입는 등의 사생활은 CCTV 사각지대나 화장실 안에서 가능하며, CCTV는 녹음이나 녹화되지 않는다는 설명을 들었다.

드디어 들어간 이식실 병실은 말 그대로 '무균실'이었다. 간호사는 우주복과 같은 가운과 장갑을 착용했고, 병실 내에는 소독한 물건 외에는 반입되지 않았다. 교도소 감방과 같다는 느낌이 들기도 했는데, 나에게 해로운 바이러스를 원천적으로 차단하기 위한 조치라고 생각하니, 한편으로는 마음이 차분하게 안정되기도 했다. 병실 내 환경이 지저분하게 되고 감염의 우려도 있어서 머리카락을 미리 완전히 깎는 것이 낫겠다고 간호사가 권고했지만, 나는 그래도 머리카락이 모두 빠지지는 않을 것이라는 기대감으로 그냥 지내겠다고 했는데, 그때까지 남아있던 일부 머리카락은 마지막 항암치료제를 투여한지 하루 이틀 만에 우수수 모두 빠져서 완전히 대머리가 되었다. 흔히 머리털 숫자만큼 죄가 많다는 말을 했는데, 아침마다 하얀 베개와 침대에 수북하게 떨어져 있는 머리카락을 보며, 내 죄가 이렇게 많은가 하는 생각이 들 정도였다.

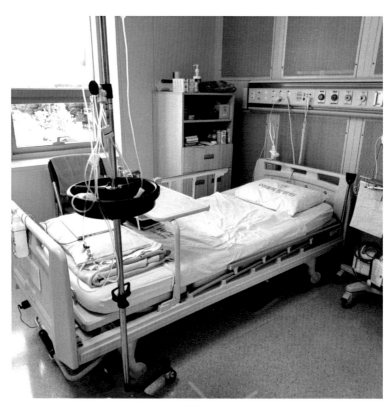

〈조혈모세포 이식실 내부 사진〉

　　이식실 내에서의 식사는 매번 간호사가 가운을 입고 병실로 들어와서 전달해 주었는데, 모든 음식이 삶고 끓인 무균식이어서 맛을 느끼지 못한 것은 당연했고 간혹 미리 준비해온 깡통 통조림 반찬과 일회용 김으로 입맛을 유지했다. 감염방지를 위해서 속옷과 수건은 집에서 삶아서 하나씩 개별 봉투에 담아온 것을 매일 바꿔서 사용했고, 치약과 비누는 펌핑 용기에 담겨 있는 것을 준비해와서 외부 감염이 없도록 했다. 구내염을 방지하기 위한 가글액은 병원에서 준비해 주었는데, 그 가글액의 사용 시한을 몇 시간으로 짧게 정하였고 그 시한이 지나면 바로 새로운 통으로 교체해 줄 정도로 철저했다.

그리고 날마다 병실청소를 해주시는 분이 역시 우주복을 입고 들어와서 병상과 바닥과 화장실 정리는 물론이고 유리창과 벽 및 천장까지 닦아주셨는데, 정성스럽고 꼼꼼하게 해주셔서 감동적이었다. 그분은 내 이식실 병실에 출입하신 유일한 외부인이었는데, 며칠 지나서부터는 그 병실을 거쳐 간 환자들의 생활 모습에 관해서 짧게 전해주시기도 해서 1인 병실 생활에 큰 도움이 되었다.

12. 마지막 항암치료와 조혈모세포 이식

(30주 차~33주 차)

▶ 전 처치

이식실에 입실한 날부터 마지막 항암치료가 시작되었다. 여섯 번의 항암치료에도 불구하고 남아 있는 종양세포를 제거하기 위해 조혈모세포 이식 전에 종전의 항암제보다 두 배 정도의 고용량 항암제를 투여하는 과정이라고 들었는데, 실제 투여 과정에서 느낀 내 몸의 반응으로서는 종전보다 서너 배 이상 훨씬 더 강력한 수준이었다. 치료 초기 때 오른쪽 쇄골과 가슴 사이 중심정맥에 설치해 놓았던 케모포트를 통해 항암제가 주입된 지 얼마 지나지도 않은 시점부터 현기증이 일어나기 시작하여, 일어설 때는 병상 난간을 붙잡아야 했고 앉아있기도 힘들 정도로 점점 더 심해졌다. 간호사 긴급 호출 벨을 눌러 도움을 받아 병상에 겨우 누울 수 있었고 이후 증상 완화제 주사 등 적절한 조치를 받아 조금 나아지기는 했지만, 내 몸속에 '정말 센 놈'이 들어왔다는 것을 확실하게 느낄 수 있었다.

그렇게 이틀간에 걸친 항암제 주입이 끝난 후 삼사일 동안은 기력이 떨어지고 어지러움과 메스꺼움 증상이 나타났는데, 그러한 때마다 증상 완화제 등의 처치를 받아 조금씩 나아졌다. 하지만 식욕이 저하되어 식사량이 줄어들었는데, 병실에 설치된 TV를 통해서 보는 먹방 프로그램이나 맛집 소개 내용을 보아도 먹고 싶다는 생각이 들지도 않았고, 결국 밥 대신 죽을 신청하여 먹었다. 끓여서 나오는 죽에다가 김이나 통조림 반찬을 얹어서 먹었는데, 그러한 식사에 점차 익숙해져서 먹는 양도 늘어나게 되어서 일주일 정도 지난 후부터는 죽 한 그릇을 모두 비울 수 있게 되었다.

매일 아침마다 혈액검사를 하고 또 X-ray 검사와 심전도 검사를 2~3일마다 진행하여 면역력 수치와 몸 상태를 점검하였는데, X-ray 검사와 심전도검사를 할 때는 내가 밖으로 나갈 수 없어서 장비를 무균실내로 들여와서 검사해야 했다. 그리고 주치의 교수님이 매일 회진하며 이식실에 와서 유리창을 사이에 두고 인터폰으로 내 상태에 관해 체크하여 처방하시고 치료 내용에 관해 설명해 주시면서 기운 내라고 격려해 주셨다.

▶ 조혈모세포 이식

그렇게 항암제 주입을 하여 내 몸속에 있던 나쁜 세포를 모두 제거한 후에 조혈모세포 이식을 하게 되었다. 3주쯤 전에 채집하여 냉동보관해 놓았던 내 조혈모세포를 녹여서 가슴 쪽에 설치한 케모포트를 통해 중심정맥관에 다시 주입하는 절차였는데, 냉동상태에서 해동하여 주입하기 때문에 다소 차가운 느낌이 들 수 있다는 사전 설명이 있기는 했지만 특별히 춥거나 오한이 느껴지지는 않았다. 대신 마늘냄새 같은 약간 매캐한 냄새를 느꼈는데, 그것은 이상 징후가 아니고 환자마다 느낌이 약간씩 다르게 나타나는 반응이라는 설명을 들었다. 이식에 소요되는 시간이 길지는 않았으나 이틀에 걸쳐 나누어서 이식을 마쳤다.

그런데 이식을 마친 다음날 저녁부터 열이 나기 시작했다. 다시 내 몸속에 주입된 조혈모세포가 제대로 작동하는 과정에서 생기는 일시적인 현상이라고는 했지만, 발열이 며칠째 지속되어 해열제 투약이 지속되었고, 무엇보다도 혈액 속 절대호중구 수치가 급격하게 하락하여 이틀 연속 제로 수준은 물론 급기야 '측정불가' 수준까지 떨어졌다. 백혈구와 헤모글로빈 및 혈소판 등 다른 혈액 관련 수치도 기준치 보다 훨씬 아래로 떨어진 것은 물론이고, 코피가 멈추지 않아 지혈에 장시간 소요되기도 했고 설사와 약간의 배 아픔 증상도 있었지만, 그와 더불어 탈모가 본격적으로 진행되어 머리카락이 모두 빠져버린 내 모습이 더욱 마음 무겁게 했다.

그래도 이식실 전담 간호사들이 병실에 들어오면서 '자연스러운 과정이니 걱정 마세요. 잘 하고 계시네요. 힘내세요' 하는 말을 들으며 안심되었고, 회진 때 유리창 너머 인터폰으로 내 상태를 점검하고 설명해 주시는 주치의 교수님의 안정감 있는 목소리에 힘을 얻었다. 고용량 항암제의 영향으로 조혈 기능이 억제되어 병원균이 몸 안에 들어오면 방어능력이 낮아져서 쉽게 감염이 될 수 있고 혈소판과 헤모글로빈 생성 기능도 저하되어 출혈과 낙상 위험이 증가하니 조심하고 이상 증세를 느끼면 바로 간호사에게 연락하여 도움을 요청하라는 당부 말씀도 있었다. 혈액 관련 수치를 끌어올리기 위해 혈소판 수혈을 하고 또 백혈구 촉진제를 주입했는데 그 효과는 더디게 나타나고, 오히려 입안이 헐기도 하고 다리에 물집이 생기기도 하고 미각을 완전히 상실하기도 했지만, 그러한 증상은 이미 설명 받았던 부작용 중의 일부였고 또 심한 상태도 아니었다.

▶ 이식 후 회복

이식한 조혈모세포가 골수를 찾아가서 자리를 잡고 기능을 제대로 할 때까지 기다리는 시간이 되었다. 혼자 격리되어 생활하는 점은 심리적으로 이미 극복했지만, 몸 상태가 쇠약해져 있는 것을 스스로 느낄 정도였고 부작용이 나타나지 않기를 바라면서 병균에 감염되지 않도록 조심하며 면역력을 유지해야 한다는 부담감을 가지고 지내게 되었다. 공기 중의 세균이나 곰팡이는 이식실내에 설치되어 있는 헤파필터(공기 중 미립자 정화기)와 청소 등으로 제거할 수 있지만 내 몸에 붙어 있는 세균은 그러한 시설로 통제할 수 없어서 나 스스로 위생 활동을 세밀하게 하는 것이 필요했다. 다행스러웠던 점은 전신 쇠약감 이외에 구내염이나 발열 구토 설사 변비 등의 부작용이 심하게 나타나지 않았던 점이고, 마음도 안정되어 평안함을 유지하며 지낸 것도 감사한 일이었다.

아무도 없는 좁은 무균실에서도 근육 손실을 막기 위해서 하루에 두세 시간씩 맨손운동을 했다. 허벅지 근육을 유지하기 위해 스쿼트 동작을 반복했고 제자리 달리기와 팔굽혀

펴기 등의 운동을 했는데, 병실을 청소해 주시는 여사님이 내 운동하는 모습을 보며 '이식실 내에서 규칙적으로 운동하는 환자는 처음 본다'고 하며, 퇴원하여 건강하게 잘 살 것이라고 격려해 주시기도 했다. 운동 외에 아침 시간에는 규칙적으로 성경을 읽으며 혼자 예배를 드리는 시간을 가졌고 다른 시간에는 책을 읽거나 가지고 간 노트북을 가지고 타자 연습을 하거나 창문 밖 바깥 세상을 내다보며 멍 때리기를 하기도 했다. 병실에 설치되어 있는 TV를 보는 시간은 거의 없었고 가끔 여행이나 먹방을 보며 퇴원 후에 여행도 가고 맛집에도 가보겠다는 생각을 하기도 했지만, 나중에 퇴원후에 실제로 가본 곳이나 먹어본 음식은 많지 않았다. 플랫폼을 통해서 영화를 보기도 했는데, 오래전 제작된 미국 영화의 마지막 장면을 보며 가슴 뭉클함을 느끼기도 했다. 장애를 가진 여인이 기구하게 살다가 말년에 화가로 유명해지는 과정이 잔잔하게 때로는 애절하게 표현된 내용이었는데, 인생을 마감하는 순간에 그동안 무뚝뚝하기만 했던 남편에게 "I was loved"라고 조용하게 말하는 것을 보며, '인생 마지막 시간에 나에게서 사랑받았다는 말을 해줄 사람이 나한테도 있을까. 내가 사랑받았다고 말해줄 사람이 나에게도 있는가' 하고 생각해 보기도 했다.

그렇게 병실에서 혼자 생활하는 중에 큰 힘이 된 것은 역시 가족과의 연락이었다. 코로나 팬데믹 이전에는 가족이 찾아와서 유리창 너머로 얼굴 보며 인터폰으로 대화하는 것이 제한적으로라도 가능했다고 들었지만, 코로나로 인해 병원 출입 자체가 통제된 시점에서는 면회가 완전히 불가능해졌다. 그 대신, 소독해서 가지고 들어간 핸드폰을 통해 목소리를 듣기도 하고 문자를 주고받으며 내 상태를 알리기도 하고 외부 소식도 듣게 되어, 내가 격리되어 있다는 생각은 들지 않았다. 속옷 등 생활에 필요한 물품은 아내와 아들을 통해서 정기적으로 전달받았고, 따라서 1인 병실 생활이 무료하지도 않았고 고립되어 있다는 생각이 들지 않았다

창문 밖으로 멀리 보이는 산 언저리에 있는 내 집을 눈으로 찾으며, 퇴원 후에 그 산에 올라서 병원 건물을 바라보면 무슨 추억이 떠오를까 하는 생각도 했다. 창문 밖으로 보이는 건물들 안에서 어떤 사람들이 무슨 생각을 하고 무슨 일을 하며 지낼까 하고 생각하기도 하고, 멀리 보이는 고가도로 위를 달리는 차들은 어디로 가고 있고 또 그 차를 운전하는 사람들의 마음은 어떠할까 하고 생각해 보기도 했다. 그리고 그 격리병실에도 하나님이 함께 계셔서 나를 보살펴 주시는 것을 느꼈다.

〈조혈모세포 이식실의 창문 밖 사진〉

　내 몸속에 다시 주입되어 이식된 조혈모세포가 제대로 착
상되고 그 결과 혈액 수치가 정상 수준으로 회복되기를 기
다리는 시간이 생각보다 길어졌다. 그만큼 내 면역력 수치
의 회복이 늦어진 것이다. 그러는 사이에 소변 대변 검 사
에서 바이러스가 검출되어 긴급 처방을 받았는데, 7개월 이

상 계속 사용하고 있던 케모포트에서 균이 검출되는 것으로 밝혀져서 케모포트를 통한 약물 주입은 더 이상 하지 않고 매번 팔뚝 혈관에 주사기를 꽂아 약물을 투여하게 되었다.

조혈모세포 이식 후 11일째 날에야 절대호중구와 백혈구 수치가 기준치 수준으로 회복되었다는 소식을 간호사로부터 듣고 함께 기뻐했다. 이식실에서 생활하다 보니 이식실 전담 간호사들의 수고도 많다는 것을 알게 되었다. 이식실에 출입할 때마다 차단복과 장갑을 착용하는 번거로움은 물론이고, 이식실내 환자가 혼자 격리되어 있으므로 늘 주의를 기울이고 있어야 하는 긴장감과 함께 환자가 편안한 마음을 유지하도록 안내해 주는 역할까지도 하는 것을 보며 감사한 마음이 들었다.

모든 면역력 수치가 정상 수준으로 회복되어 드디어 이식실에서 벗어나게 되었는데, 지나고 보니 무균실에서 23일 동안 혼자 지낸 것이었다. 이식실 전담 간호사분들과 날마다 병실을 정리해 주시던 분과 헤어지는 것이 섭섭하기도 했지만 감사의 말을 나누며, 3주 전에 휠체어를 타고 들어갔던 이식실에서 걸어 나와서 일반 병실로 옮겼다. 그렇게 병원 내에서 자유롭게 움직이게 된 다음에, 이식실에서 생활했던 동안 느꼈던 감사의 마음을 글로 적어서 병원 내에 설치되어 있는 〈고객의 소리〉 박스에 넣었는데, 제대로 전달되었을 것으로 생각한다.

13. 조혈모세포 이식 후 절차
(34주 차)

일반 병실에서의 생활은 종전보다 훨씬 마음 푸근했다. 종전에 집에 있다가 입원하여 일반 병실로 들어갔을 때의 마음과, 이식실 1인 병실에서 격리되어 있다가 일반 병실로 옮긴 때의 마음이 확연히 다른 것이었다. 어려움을 겪다 보니, 그동안 당연하게 여겼던 것들이 모두 감사한 일이고 또한 내가 믿는 하나님으로부터의 특별한 은혜인 것을 깨닫게 되었다. 마치 경제적으로 어려움을 겪을 때에야 종전에 직장에서 월급 받고 사업장에서 소득 얻는 것이 특별한 은혜였음을 깨닫는 것과 같았다. 먹고 움직이고 온몸이 제대로 작동하는 것이 은혜이고, 말하고 듣고 생각할 수 있는 것이 감사할 일인 것을 다시 깨닫게 되었다.

일반 병실에서 3일을 지내면서 조혈모세포가 제대로 작동하는지를 점검했다. 그리고 몇 달 동안 약제물 주입 시 편리하게 사용했던 케모포트를 제거했는데, 오른쪽 쇄골 밑 피부 안쪽에 설치하여 중심정맥과 연결했던 인공물을 배내는 과정이었다. 시간이 많이 걸리지는 않았지만 외과수술의

한 종류로서 해당 부분을 국소 마취하고 절개했는데, 지금도 흉터가 남아있어서 그 부분을 보면서 치료받던 당시를 회상하게 해주고 있다. 면역력이 조금 떨어지면 면역글로불린 주사를 통해 회복했고, 항암치료 과정 중 처음으로 대변 보는 것에 어려움을 느껴서 대변 완화제를 처방받아 복용 시작한 지 4일째 되는 날에 완전히 해소되기도 했다.

오랜만에 격리상태에서 해방되어 병상 4개가 있는 일반 병실로 옮겨서 생활하다 보니 해방감을 느끼기도 하고 뿌듯하기도 한 마음이었지만, 또 다른 새로운 것이 느껴지기도 했다. 병상 사이에는 커튼만 쳐져 있어서 옆 병상에서 무엇을 하는지 무슨 통화를 하는지 무슨 음악과 뉴스를 듣는지 다 들리는 것이었다. 같은 병실 내의 다른 환자를 조금 배려해 주면 좋겠는데, 몸이 아프다는 사유로 자신이 하고 싶은 대로 하는 것은 아닌가 하는 생각이 들어서 안타까웠다. 종전 여섯 번의 치료 과정에서 잠깐씩 입원했을 때에도 병실 내 생활 모습이 마찬가지였었지만, 이번에는 1인 무균실에서 홀로 생활하다가 나온 상태에서 그러한 모습이 유독 마음에 걸리는 것이었다. 그리고 퇴원하는 날 유별나게 수선을 떠는 보호자도 있었다. 장기간 병실에 머무는 경우도 있지만 대개는 3~4일 머물다 퇴원하는데, 퇴원하는 날 아침부터 간호사들에게마다 인사하고 병실청소해 주시는 여사님들을 찾아서 인사하고 병실 내 다른 환자와 간병인에게 가족 이별하는 것처럼 큰 목소리로 손 흔들며 작별 인사하는 모습을 보며, 퇴원을 하게 된 마음이 얼마나 기뻐서 그럴까 하고 이해는 되지만 남아있는 사람들도 며칠 지나면 모두 떠나는데 굳이 그렇게까지 요란스럽게 할 필요가 있을까 하는 생각이 들었다. 병실은 아픈 사람이 잠시 머물다가 떠나는 정거장이고 한 사람이 퇴원한 그 병상에는 몇 시간 후에 새로운 환자가 들어오는 것을 보며, 인생도 마찬가지로 잠시 앉았다가 내리는 지하철 좌석과 같은 것이 아닐까 하는 생각을 했다. 인생은 다른 사람을 떠나보내고 나도 떠나는 것의 연속이니, 떠나는 것에 너무 큰 의미를 두지 말고 두려워하지도 말며 살아가는 것이 필요하지 않을까. 내가 이 세상을 떠나는 날 누군가 눈물 흘리기도 하고 숙연한 분위기이기도 하겠지만, 그렇다고 이 세상이 망하는 것도 아니고 나 없어도 얼마 후에는 새로운 세대가 이어나갈 것이니, 이 세상에 있는 동안 가까운 사람들과 사회에 기여하는 것에 초점을 두고 살아가는 것이 필요하다는 생각이 들었다.

▶ 퇴원 후의 생활관리

퇴원할 때가 가까워지면서 기분이 좋아진 반면에 앞으로 어떻게 생활해야 할지 걱정되기도 했다. 퇴원 후 집에서는 어떤 환경에서 생활해야 하고 건강관리는 어떻게 해야 하며 조심해야 할 사항이 무엇인지 그리고 완전히 회복하기까지 얼마나 긴 시간이 필요할지 궁금했다.

퇴원 전날에 전담간호사로부터 퇴원 후의 생활에 관해 교육받았는데, 합병증이 발생하지 않도록 감염을 조심하는 것이 가장 중요하다고 주의 받았다. 오랜 시간 동안 생활하는 집안을 청소하고 깨끗한 상태로 유지하도록 우선적으로 안내받았다. 백혈구의 감소로 병균에 대한 저항력과 면역력이 떨어져 있는 상태이므로 호흡기 관련 질병에 걸리지 않도록 조심하는 것이 필요하고, 복부 및 항문 주변 통증과 설사 증상이 있으면 적절한 약을 통해 빨리 해소하도록 하며 피부의 변화 여부에도 관심을 기울이라는 내용이었다. 그러면서 만일 그러한 부작용이 심하게 나타나면 너무 참으려고만 하지 말고 병원 응급실을 이용하라는 안내도 받았다. 그 외에 출혈이 생기면 쉽게 멈추지 않을 수도 있으므로 상처가 나지 않도록 조심하고, 넘어지거나 세게 부딪히면 회복이

늦고 멍이 오래가는 경우가 있으므로 낙상사고를 조심하라는 주의를 받았다. 처음 얼마 동안은 기력 저하와 피로감을 느끼고 맛을 느끼지 못하며 입맛도 없어서 어려움을 겪을 수 있겠지만, 시간이 지나면서 점차 회복될 것이니 너무 조급해 하지 말고 마음 편하게 지내며 자신감을 가지고 생활하라는 격려의 내용에 안도했다.

그리고 병원 영양사가 병실로 찾아와서 퇴원 후의 식사요법에 관해 자세하게 설명해 주었는데, 식사때마다 곡류와 어육류 및 채소를 고르게 섭취하고 과일류와 유제품과 함께 물도 충분하게 섭취하여 좋은 영양상태를 유지하는 것이 필요하다는 내용이었다. 쌀 면 떡 등 익힌 곡류는 허용되지만, 조리되지 않은 곡류와 포장되니 않은 빵과 냉장 냉동 유통되는 인스턴트식품 등은 제한되었다. 어육류도 완전히 익혀서 먹고 완숙된 계란만 가능하되, 생고기와 생선회와 게장 굴 등 익히지 않은 육류는 물론이고 오징어포 같은 건어물까지도 곰팡이균 감염 우려로 섭취에 주의해야 했다. 채소도 완전히 익혀서 먹고 김치도 볶거나 끓여서 먹어야 하고, 생채소와 생김치 및 생미역은 물론 장아찌도 단순 절임이어서 섭취하지 않도록 안내를 받았다. 과일 통조림은 가능하지만 생과일과 건과일을 섭취해서는 안 되고, 일회용 생수

109

조혈모세포 이식 후 식사 요법

면역기능이 회복될 때까지 조심 (담당 의사의 확인 후 일상식으로 변경)

매일 곡류, 어육류, 채소, 지방, 유제품, 과일 등 식품군을 균형 있게 규칙적으로 섭취

구분	허용	제한
곡류	-익힌 곡류(쌀, 면, 떡) -껍질 벗기고 익힌 감자, 고구마 -밀봉 포장된 내용물 없는 빵, 과자 -끓인 라면 -볶음밥	-조리되지 않은 곡류 (선식, 미숫가루 등) -포장되지 않은 빵, 과자 -내용물(크림, 단팥 등) 있는 빵 -냉동, 냉장 인스턴트식품
어육류	-완전히 익힌 어육류 및 두부 -계란 완숙 -가열한 햄, 소시지 -통조림 (참치, 꽁치 등) -탕 종류 (추어탕, 설렁탕 등)	-생고기, 덜 익힌 어육류, 해산물 -훈제오리, 훈제연어, 냉족발, 육포 등 -생계란, 덜 익힌 계란(반숙) -익히지 않은 햄, 두부, 낫또 등 -갯벌에서 채취한 해산물, 내장류, 건어물
채소	-완전히 익힌 채소류, 해조류(구이 김) -끓인 김치, 볶은 김치	-생 채소, 생 김치, 생 해조류(김, 미역 등) -쌈 채소, 절임류(장아찌, 피클 등), 녹즙
과일	-과일 통조림, 병조림 -병, 캔으로 낱개 포장된 과일	-생 과일, 생 과일주스 -냉동 과일, 건 과일
유제품	-멸균우유 -익힌 가공치즈 -의료용 영양 보충제, 분유	-살균 처리되지 않은 우유, 치즈 -아이스크림, 빙수 -유산균 발효유
물/음료	-끓인 물 -일회용 생수 (개봉 후 남은 물 폐기) -캔 음료, 병음료 -인스턴트 분말차(커피, 코코아 등)	-끓이지 않은 물 (수돗물, 정수기 물) -아이스 음료 -잎, 뿌리를 우려내어 마시는 차 (녹차, 둥굴레차 등)
양념	-가열 조리에 사용되는 식물성기름 -일회용으로 밀봉된 버터, 케첩 등 -끓여서 사용하는 양념	-가열 조리되지 않는 향신료 -생 된장, 생 청국장 등 -끓이지 않은 양념
기타	-개별 포장된 잼, 젤리, 초콜릿 등	-술, 건강보조식품, 생 견과류 -유통기한 없는 식품, 용기 파손 식품

- 면역기능이 극히 저하된 시기에는 외식 금지

- 위생적이고 완전히 조리된 음식 섭취 (샤부샤부, 전골 등)

- 덜 익힌 계란이 들어간 음식 섭취 금지 (김밥, 비빔밥 등 포함)

- 미리 조리되어 보관 판매되는 음식 섭취 금지 (뷔페, 샐러드바, 포장마차 등)

- 배달음식 등은 재가열하여 섭취

〈조혈모세포 이식 후 식사 요법〉

와 끓인 물은 괜찮지만 정수기 물과 아이스 음료는 금지되었다. 따라서 충분히 가열하여 조리하는지를 직접 확인할 수 없는 외식은 당분간 삼가고, 미리 조리되어 보관되었다가 판매되는 음식도 피하며 외부에서 음식을 사 온 경우에도 재가열하여 섭취하도록 설명 들었는데, 종합해 보면 곰팡이균과 발효균뿐만 아니라 공중에 떠다니는 박테리아도 몸속에 들어가지 않도록 끓이고 삶고 굽고 볶아서 먹으면서도 충분한 영양분을 섭취하는 것이었다. 이러한 음식관리는 면역력이 회복될 때까지 상당한 기간 동안 이어졌는데, 중간중간에 주치의 교수님의 확인에 따라 허용되는 음식의 종류가 조금씩 늘어나다가 6개월 정도 지난 다음에 생김치와 생과일을 비롯한 모든 음식을 섭취해도 좋다는 판정을 받았는데, 그렇게 일반식 섭취 허용을 받은 후에도 면역력을 떨어뜨리는 차가운 음식과 음료수나 생선회 등 균이 있을 것으로 생각되는 음식은 자연적으로 피하는 식습관을 유지하게 되었다. 그러한 식습관은 이식 후 회복 과정에서도 물론이거니와 이후 정상적인 생활이 가능한 시점에서도 큰 도움이 되어서, 그렇게 자세하게 구분하며 설명해 준 병원 측과 영양사님께 감사한 마음을 가지고 있다.

그렇게 하여 30일간 입원하여 조혈모세포 이식을 잘 마쳤는데, 그 기간 중에 23일간 무균실에서 홀로 지내는 과정을 잘 견뎌 내어서 나 스스로 뿌듯한 마음이 들었다. 그리고 심한 부작용 증상 없이 치료 과정을 마치게 된 것도 감사한 일이었다. 만나는 간호사들과 조그만 소리로 감사 인사를 나누었고, 병실을 나설 때 평소에 친절하게 대해주던 한 간호사가 "이제는 다시 오지 마세요"라며 배웅해 주었는데, 글을 쓰고 있는 시점까지 1년 반 정도의 기간 동안 그 입원실 병동에 갈 일이 없었다. "그럼요. 다시는 안 갈 겁니다"

14. 이후 정기검사

(35주 차~)

집에 돌아와보니 온 집안이 깨끗하게 청소되어 있어서 먼저 아내와 아들에게 고맙다는 말을 했다. 거실과 방바닥에 먼지 하나 없도록 닦은 것은 물론이고 베개와 이불 수건 등의 빨래와 함께 침대 밑과 화장실까지 청소해 놓았고 내가 사용할 식기는 소독해서 별도로 구분해 놓은 것을 보며 다시 무균실에서 생활하는 것 같은 안도감을 느꼈다.

그리고 처음 외출해서 들른 곳이 집 앞의 빵집이었다. 입원해 있는 동안 먹고 싶었던 음식 중의 하나가 단팥빵이었지만, 내용물이 들어 있는 빵은 먹지 말라는 제한이 있어서 내용물이 아예 들어 있지 않은 식빵이 일회용으로 포장된 것을 골랐는데, 집에 가지고 와서 한 입 먹어보니 기대했던 맛이 아니라 그저 밋밋하기만 해서 첫 번째 음식 시도는 그렇게 짧게 끝났다. 그리고 그 이후 다른 음식도 마찬가지였다. 먹지 말라는 제한 사항이 많기도 했지만, 눈으로 보는 것과 달리 입맛 자체가 없어서 먹고 싶은 생각이 멀어지기만 했다. 대부분 병원에서 안내해 준 내용대로 집에서 음식을 준비하여 먹었고, 가끔씩 식재료가 모두 들어가 있는 밀키트를 사다가 집에서 끓이기만 하여 먹거나 조리가 완료되어 포장상태로 파는 간편식을 주문하여 끓여 먹기도 했는데, 미각이 완전히 회복되지 않아서 음식 맛을 제대로 느끼지 못했고 특히 매운맛과 쓴맛을 구분하지 못하여 둘 다 싫어졌다가 6개월 정도 지나서야 미각이 모두 회복되었다.

병원에서 쓰는 귀에 꽂는 체온계를 사다가 집에서 체온을 재고 체중계도 새로 준비하여 날마다 체중을 쟀는데, 다행히 열이 나거나 체중이 줄어드는 현상은 보이지 않았다. 감염 방지를 위해서 당분간 나무와 풀이 있는 숲길과 흙길을 피하라는 안내에 따라, 사람들이 많이 몰리지 않는 길을 택하여 아스팔트 포장도로나 운동장 트랙을 매일 걸었는데, 계단 오를 때 숨이 차고 짧은 거리라도 뛰는 것은 힘들었다. 근육운동을 위해서라도 조금 먼 곳까지 지하철이나 버스를 타고 다녀오기도 했는데, 집에 돌아오면 잠깐이라도 누워서 쉬어야 했고 더구나 긴 시간 외출은 무리였다.

퇴원 후 1~2주 간격으로 정기적으로 병원 외래 진료를 통해 혈액검사를 하고 진찰을 받았는데, 절대호중구 수치가 낮아져 있으면 1~2시간 걸리는 면역글로불린 주사를 통해 면역력을 높이는 처방을 받았다. 가끔씩 약간 어지러움을 느끼는 때도 있었지만 심하지는 않았고 그 외에 특별한 부작용 증세도 없어서 조심하면서 일상생활을 해나가던 중, 이식 후 두 달이 지난 시점에 일시적으로 힘들어지기도 했다. 기력이 떨어져 자주 피곤해지고 걷거나 계단 오르기가 힘들어 숨차며 다리가 부어오르고 혈압이 낮아지는 증상이 나타나서, 일주일간 매일 병원 외래진료를 받아 면역글로불린과 백혈구 촉진제를 맞은 다음에 다시 몸 컨디션과 면역력 수치가 회복되었다. 주치의 교수님은 다른 병과의 합병증이 생기지 않도록 주의하고 특히 폐렴 등 호흡기 질병에의 감염을 조심하라고 여러 번 강조하셔서, 독감 예방주사를 맞았고 몇 주 후에는 코로나 백신 주사도 맞았다. 그리고 근육 손실을 막기 위해 걷기 운동과 근육운동을 하면서 단백질 섭취에 신경 쓰는 것과 함께, 근육이 굳어지는 것을 막고 특히 고관절이 딱딱해지는 것을 막기 위해 필라테스 운동을 계속하고 있다.

치료 과정을 돌이켜보니, 항암치료와 조혈모세포 이식을 위한 입원뿐만 아니라 준비를 위한 검사 절차와 치료 후 점검 진찰 등으로 인해 병원에 가야 하는 날이 많아서, 집과 병원의 거리는 가까운 것이 낫겠다는 생각을 했다. 더구나 급히 응급실로 가야 하는 경우에는 시간이 더욱 중요한 사항이기도 했다. 내 경우는 집에서 병원까지 승용차로 10분 걸렸고 날씨 좋고 급하지 않은 날에는 20여 분 정도 걸어서 가는 거리여서 병원에 다녀오는 것에 어려움이 없었는데, 같은 병실에 입원하신 환자들 중에 지방에서 오신 분들은 병원까지 왕래하는 것이 큰 행사인 경우가 있어서 안타깝기도 하고 괜히 죄송스러운 마음이 들기도 했었다.

머리카락이 모두 빠진 상태여서 집에 있을 때에는 아내가 맨머리를 쓰다듬으며 치료를 잘 마쳐서 감사하다고 하기도 했고, 외출할 때에는 모자를 썼는데 당시 계절적으로 늦가을과 겨울철이어서 주변으로부터 큰 주목은 받지 않았다. 항암치료를 받는 중에 체력이 저하되는 것은 나 자신만 감지할 수 있기 때문에 천천히 쉬면서 움직이면 표시나지 않지만, 머리카락이 빠지는 것은 겉으로 확연하게 드러나는 현상이어서 처음에는 가발을 쓸까 하고도 생각했다가 내게는 어울리지 않을 것 같아서 가발 대신 모자를 눌러쓰고 다녔다. 이식 직전에 주입했던 항암치료제가 종전보다 몇 배로 센 고용량이었던지 한참을 지나서도 머리카락이 나지 않다가 3개월쯤 지나서야 나오기 시작했는데, 맨머리를 쓰다듬다가 까칠까칠한 촉감을 손바닥으로 느꼈을 때에는 눈물이 날 정도로 감격스러웠다. 지나고 보니 머리카락 가지고 감격하고 감사한 것이 유치했다고 생각되기도 하지만 당시에는 무척이나 심각하게 생각하고 기다렸던 것이었다.

〈머리카락 빠진 모습〉

이후 머리카락이 조금씩 자라났는데 일부분 듬성듬성 나오기도 했고 특히 파마한 머리카락처럼 꼬불꼬불 나오기도 했다. 독한 항암제의 영향을 뚫고 나오느라 시간이 걸리고 머리카락이 굽어지며 가늘어진 것같은데, 처음에는 그렇게 조금씩 나오는 머리카락이 대견하기도 하고 감사하기도 했다가 몇 달이 지나면서부터는 왜 머리숱이 풍성하지 않고 특히 뒷머리 쪽이 훤히 비게 되었을까 하는 아쉬움이 생기기도 했다. 몸 상태가 정상 수준으로 회복하면서 감사함보다도 욕심이 더 커지는 것이라고 반성하며, 퇴원하는 날의 마음 상태로 돌아가 감사한 마음을 유지하자고 생각했다.

그렇게 이식 후 3개월이 지난 후부터는 면역력 수치와 몸 컨디션이 정상 수준을 유지하게 되었고, 이후 1개월 간격으로 세 번 혈액검사를 하여 면역력 수치가 정상 수준임이 확인된 후에는 면역글로불린이나 백혈구 촉진제 처방이 없었고, 그다음부터는 검사의 간격이 2개월 3개월 4개월로 늘어나게 되었다. 진찰을 받을 때마다 주치의 교수님은 '잘 지냈는지, 몸 상태에 이상은 없는지, 궁금한 점은 없는지' 등등을 물으면서 혈액검사 결과를 자세하게 알려주셨는데, 먹고 싶은 것 맛있게 먹고 만나고 싶은 사람 만나고 움직이고 싶은 대로 움직이되 다만 감기 독감 등의 질병에 걸리지 않도록 조심하며 사람 많은 곳에 가지 말고 손 씻기와 마스크 착용을 철저히 하라고 당부하셨다.

그러면서 이상이 없으면 혈액검사를 6개월 단위로 하고 그 후에는 1년 단위로 검사하다가 이식 후 5년이 지나면 그때 완치 판정을 받을 것이라는 계획을 말씀하시면서 안심시켜 주셨다. 기쁜 소식이었다. 복음 Good news!!

그리고 코로나 팬데믹으로 인한 사회적 거리 두기가 어느 정도 해제되면서부터 그동안 만나지 못했던 분들과 직접 만나서 내 모습을 보이며 발병 사실과 치료 과정을 알렸다. 4년 만에 만난 어느 분이 내 모습을 보며 '머리카락이 많이 빠졌네요. 역시 세월이 많이 지났군요' 라고 하여, 내가 대답했다. '그래도 머리카락이 몇 달 전보다 많이 자란 상태입니다'. 만나는 분들께 내 모습을 직접 보이며 그동안의 과정을 짧게 설명하면 약간의 놀라움을 표시하기도 하고 잘 했다고 격려해 주시기도 하고, 어느 모임에서는 힘내라며 격려의 박수까지 받기도 했다. 그리고 림프종이 왜 발병했는지 어떻게 발견하게 되었는지 또 치료 과정에 관해 묻기도 하고 자가 조혈모세포 이식이라는 특이한 과정에 관심을 보이기도 했다. 그러면서 유명 텔런트와 유명 트로트 가수의 혈액암 치료 사실을 알려주기도 하면서, 내 치료과정을 기록으로 남기면 다른 사람들에게 도움이 될 것이라는 조언도 해주어서 이 책을 쓰게 되었다.

 가족 중에서는 아흔 살이 넘으신 장모님께만 내 발병 사실을 처음부터 알리지 않았는데, 그것은 착했던 처남이 10여 년 전에 췌장암으로 하늘나라로 먼저 떠났을 당시 장모님이 무척이나 상심하셨던 모습이 생각나서 나까지 심려를 끼쳐드리지 않으려고 해서였고, 다른 가족들이 이해해 주고 도와준 덕분에 들키지 않고 걱정 끼쳐 드리지 않게 되었다. 만나는 사람들에게 전하는 사항이 있다. 건강검진을 매년 하고, 또 그 검진을 되도록 같은 기관에서 하는 것이 좋다는 내용이다. 여러 가지 검사를 하는 비싼 건강검진이 도움이 되겠지만 혈액검사와 변검사로도 웬만한 이상 증세를 감지할 수 있으니 국민건강보험공단에서 안내하는 대로 건강검진을 하고, 또 검진기관을 해마다 바꾸어서 하기보다는 한 곳을 정하여 매년 검진하는 것이 몸의 이상상태 변화 추이를 비교해 볼 수 있다는 내 경험에서였다.

치료 과정 일정표

		치료 과정	입원 / 외래	특별 사항
1개월 차	1주 차	항암 1차	입원	
	2주 차		집안 격리	코로나 감염
	3주 차		외래	
	4주 차		외래	
2개월 차	5주 차	항암 2차	입원	
	6주 차		외래	
	7주 차			치과 치료
	8주 차			
3개월 차	9주 차	항암 3차	입원	
	10주 차		외래	
	11주 차			
	12주 차	항암 4차	입원	
4개월 차	13주 차		입원(격리병실)	
	14주 차		외래	
	15주 차		외래	
	16주 차	항암 5차	입원	
	17주 차		외래	
5개월 차	18주 차		집안 격리	가족 코로나 감염
	19주 차			
	20주 차	항암 6차	입원	
	21주 차		입원(격리병실)	
	22주 차			
6개월 차	23주 차		외래	
	24주 차		외래	
	25주 차			내시경검사
	26주 차		외래	
7개월 차	27주 차	조혈모세포 채집	입원	
	28주 차		외래	
	29주 차		입원	이식 준비
	30주 차		입원(무균실)	
8개월 차	31주 차	조혈모세포 이식	입원(무균실)	
	32주 차		입원(무균실)	
	33주 차		입원	
	34주 차			
9개월 차	35주 차	정기검진 1	외래	
	36주 차			
	37주 차	정기검진 2	외래	
	38주 차			
	39주 차	정기검진 3	외래	
	40주 차			
10개월 차	41주 차	정기검진 4	외래	
	42주 차			
	43주 차	정기검진 5	외래	
	44주 차		외래	
11개월 차	45주 차			
	46주 차			
	47주 차	정기검진 6	외래	
	48주 차			
12개월 차	49주 차			
	50주 차			
	51주 차	정기검진 7	외래	
	52주 차			
13개월 차	53주 차			
	54주 차			
	55주 차	정기검진 8	외래	
	56주 차			
	57주 차			
14개월 차	58주 차			
	59주 차			
	60주 차			
	61주 차			

		치료 과정	입원 / 외래	특별 사항
15개월 차	62주 차			
	63주 차			
	64주 차			
	65주 차	정기검진 9	외래	
	66주 차			
16개월 차	67주 차			
	68주 차			
	69주 차			
	70주 차			
17개월 차	71주 차			
	72주 차			
	73주 차			
	74주 차			
18개월 차	75주 차			
	76주 차			
	77주 차			
	78주 차			
	79주 차			
19개월 차	80주 차	정기검진 10	외래	
	81주 차			
	82주 차			
	83주 차			
20개월 차	84주 차			
	85주 차			
	86주 차			
	87주 차			독감예방주사
21개월 차	88주 차			
	89주 차			
	90주 차			
	91주 차			
	92주 차			코로나 백신 접종
22개월 차	93주 차			
	94주 차			
	95주 차			
	96주 차			
23개월 차	97주 차			
	98주 차	정기검진 11	외래	
	99주 차			
	100주 차			
24개월 차	101주 차			
	102주 차			
	103주 차			
	104주 차			
	105주 차			
25개월 차	106주 차			
	107주 차			
	108주 차			
	109주 차			
26개월 차	110주 차			
	111주 차			
	112주 차			
	113주 차			
27개월 차	114주 차			
	115주 차	정기검진 12	외래	
	116주 차			
	117주 차			
	118주 차			
28개월 차	119주 차			
	120주 차			
	121주 차			
	122주 차			

〈치료 과정 일정표〉

▶ 사전연명의료의향 및 장기기증서약

치료가 완료되고 정기검사 과정에서도 이상 증세가 나타나지 않아서 안도하며 지난 과정을 돌이켜보게 되었는데, 병실에서 여러 중증 환자들이 의사 표현을 못 하고 병상에 누워있기만 하던 모습이 떠올랐다. 20여 년 전에 아버지가 그렇게 1년여 기간 동안 그렇게 누워있기만 하다가 돌아가셨던 임종 때의 모습도 다시 떠올리며, 의학적으로 회복 가능성이 없고 의사 표현을 못 하며 아무런 반응 없이 연명만 하는 삶이 무슨 의미가 있을까 하는 생각이 들었다. 그러한 경우 어떻게 하는 것이 적절할 것인지에 관해 의사분들과 상담하고 또 교회 목사님께도 의견을 구하며 가족들과 논의한 후에 《사전연명의료의향서》를 작성하게 되었다. 임종과정에서 치료에도 불구하고 회생 가능성이 없으며 급속도로 증상이 악화되어 사망에 임박한 상태라고 담당 의사와 해당 분야 전문의로부터 의학적 판단을 받은 경우, 인공호흡기 착용이나 항암제 투여 및 체외 생명유지술 등 치료 효과 없이 임종과정만 연장시켜 주는 무의미한 연명의료를 받지 않고 자연스러운 죽음을 맞이하겠다는 생각에서였다. 의향서 상 "호스피스 완화의료 및 임종과정에 있는 환자의 연명의료 결정에 관한 법률에 따라, 임종과정에 있다는 의학적 판단을 받은 경우 연명의료를 시행하지 않거나 중단하는 것에 동의한다"라는 내용에 자필 사인을 하고 가족과 형제들에게도 알렸다.

그리고 오래전부터 생각하고 있었던 장기기증까지도 하는 것이 낫겠다는 생각이 들어서, 충정로역에 있는 사랑의 장기기증운동 본부를 방문하여 《장기기증서약서》에 사인을 마쳤다. 내 영혼이 육체를 떠난 후에 남아 있는 장기와 조직이 누군가 필요한 사람에게 이식되어 그 기능을 이어가며 유용하게 사용되면 좋겠다는 생각을 전부터 하고 있었는데, 그 생각을 구체화한 것이었다. 장기기증은 소생 가능성이 100% 없는 뇌사상태에서만 가능한데, 뇌사란 몸은 아직 따뜻하지만 자발호흡이 불가능하고 어떤 치료에도 회복이 불가능하여 수 일 또는 수 주 이내에 사망하게 되는 상태이다. 뇌사판정은 뇌사 조사와 뇌파검사를 거쳐 의사 등 4~6명으로 구성된 뇌사판정위원회의 만장일치로 내려지는데, 자발호흡이 가능하고 추후 회복도 가능한 식물인간 상태와 엄연히 다르다. 장기기증은 뇌사 및 사망 후에 이루어지는데, 각막 뼈 연골 피부 혈관 심장판막 인대 등의 조직이 다른 사람들에게 이식되어 삶의 희망으로 이어질 수 있다. 장기기증 서약서를 받는 팀장님이 반갑게 맞아 주셨는데, 다만

내 신체 나이를 감안하여 실제로 기증되어 이식할 수 있는
장기의 종류가 제한될 수 있는 점과 그렇더라도 안구의 각
막만큼은 나이를 떠나서 기증 이식이 가능하다는 점을 설명
해 주셨다.

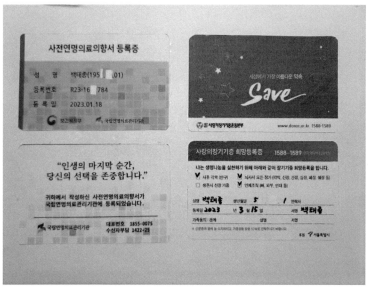

〈사전연명의료의향서 및 사랑의장기기증희망등록증〉

그렇게 그동안 머릿속으로 생각만 하고 지내왔던 사전연
명의료의향서와 장기기증서약서 작성을 마치니, 삶의 마무
리에 대한 계획을 미리 준비하여 마치 어려운 문제를 모두

해결한 것처럼 마음이 가벼워졌다.

암 진단을 받고 중증 등록이 되어 국민건강보험의 혜택을 받게 되어서 감사하며, 일부 비용은 오래전에 가입해 놓았던 개별보험의 효과를 받아 큰 어려움 없이 해소했다. 조혈모세포 이식 관련 비용도 보험 적용을 받았고, 그처럼 비용 관련하여 큰 걱정 없이 치료를 받을 수 있게 된 점이 여러모로 감사하고 마음 가벼웠다.

이 글을 쓰고 있는 시점이 항암치료를 시작한 지 2년 2개월째이고 자가 조혈모세포 이식을 한 지 1년 8개월째인데, 지금은 정상적으로 식사하고 움직이는 일상생활을 이어나가고 있고 4개월마다 정기적으로 검사를 받으며 주치의 박영훈 교수님의 지시 대로 면역력이 저하되지 않도록 하고 특히 호흡기 질환에 감염되지 않도록 주의하며 패혈증에 걸리지 않도록 조심하며 지내고 있다.

이 순간에도 병실에는 병과 싸우고 있는 환자들이 있겠지 하는 생각과 함께 내가 그냥 낭비하고 지낸 시간이 누군가에게는 간절하고 소중한 시간일 것이라고 생각하며, 내게 남아있는 시간들을 좀 더 가치있게 보내야 하겠다는 다짐을 하고 감사하며 생활하고 있다.

동네 꽃집 앞을 지나다가 문득 꽃이 아름답다는 생각이 들어 분홍빛 장미 몇 송이를 사다가 집 거실에 꽂아 놓았다. 저녁때 아내가 집에 돌아와서 '오늘이 무슨 특별한 날이야?' 하고 묻는 말에 대답했다. '응, 우리가 살아있는 특별한 날'

에필로그

하나님 감사합니다.

낮게 해주신 것을 감사드리고 또 돕는 손길들을 보내주셨으며, 치료 과정에서 제 삶을 돌이켜보고 삶의 의미를 다시 깨닫게 해주신 것에도 감사드립니다.

이대목동병원 박영훈 교수님 감사합니다.

전공의 수련의 간호사님들 감사합니다.

기도해 주시고 지원해 주신 목사님과 교인분들 감사합니다.

친척 친구들 그리고 저를 알고 응원해 주신 여러분들 감사합니다.

사랑하는 가족들 감사합니다.

남아있는 시간들을 좀 더 가치있게 보내겠습니다.

그리고 병 중에 계신 분들께 말씀드립니다. "힘내십시오. 새로운 삶의 시작입니다."

림프종 진단에서 조혈모세포 이식까지

출판일 ㅣ   2024. 5. 7.

지은이 ㅣ   백태종

편집자 ㅣ   백태종

디자인 ㅣ   백태종

출판사 ㅣ   작가와

ISBN   ㅣ   979-11-7248-133-9(03190)

판매가 ㅣ   11,200 원